基于协同演化
过程视角的

企业相关多元化发展研究

李章溢◎著

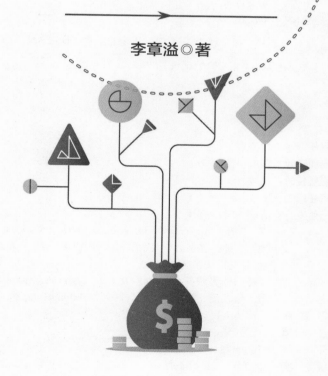

清华大学出版社
北京

图书在版编目（CIP）数据

基于协同演化过程视角的企业相关多元化发展研究/李章溢著. —北京：清华大学出版社，
2023.11（2024.4重印）

（清华汇智文库）

ISBN 978-7-302-64853-6

Ⅰ．①基…　Ⅱ．①李…　Ⅲ．①企业发展－研究　Ⅳ．①F272.1

中国国家版本馆 CIP 数据核字(2023)第 213918 号

责任编辑：付潭娇
封面设计：汉风唐韵
责任校对：王凤芝
责任印制：宋　林

出版发行：清华大学出版社
　　　　　网　　　址：https://www.tup.com.cn，https://www.wqxuetang.com
　　　　　地　　　址：北京清华大学学研大厦 A 座　　　　　邮　　编：100084
　　　　　社 总 机：010-83470000　　　　　邮　　购：010-62786544
　　　　　投稿与读者服务：010-62776969，c-service@tup.tsinghua.edu.cn
　　　　　质 量 反 馈：010-62772015，zhiliang@tup.tsinghua.edu.cn

印 装 者：三河市人民印务有限公司
经　　销：全国新华书店
开　　本：170mm×240mm　　　印张：10.25　　　字　数：169 千字
版　　次：2023 年 12 月第 1 版　　　印　次：2024 年 4 月第 2 次印刷
定　　价：99.00 元

产品编号：101150-01

总 序

作为 PSL·巴黎第九大学校长，我很荣幸能受邀在高级工商管理博士（Executive DBA）中国项目"源于中国实践的管理思想"系列学术专著中撰写这篇序言，并诚挚感谢清华大学出版社帮助我们迈出这关键性的一步，即实现从"创造知识"向"传播知识"的跨越。

正如《管理百年》开篇所述"回顾管理思想和理论发展史，组织尤其是经济组织的演变与管理思想和理论的发展存在着互相促进的关系，而管理研究的进展又为新型组织的巩固提供了支持和保证，这种如影随形的互动关系是管理思想和理论演进的根本动力。"

时光荏苒，岁月如白驹过隙，在中国改革开放四十年和中法建交 60 周年之际，Executive DBA 中国项目以研究为导向，跨越了第一个十年，以发展"管理的中国思想"与成就"企业思想家"为己任，建立起严谨求真的学术体系和质量框架，汇聚了 30 余位来自中法两国顶尖学术机构、拥有深厚学术造诣且博学谦逊的一流师资队伍，以严格审慎的标准选拔了近 200 位杰出企业家学者从事管理实践研究，并已累计撰写出六十余篇优秀的博士毕业论文。论文主题涉及管理创新、商业模式、领导力、组织变革、战略管理、动态能力、跨文化管理、金融创新、风险管理、绩效管理、可持续发展等各个领域，现已逐步建立起项目博士文库。这些原创知识成果来源于实践，能直接或间接用于解决商业组织和社会中的重要问题，对中国、法国乃至全世界都是弥足珍贵的。此次将这些原创知识进行公开出版，必将推动知识的传播与分享，为企业家和管理者处理管理实践问题提供新的有益借鉴。

毫无疑问，Executive DBA 中国项目的成功既是管理实践与理论螺旋式相互促进的成功案例，也是中法两国教育合作的典范，这不仅得益于企业家学者们严谨求实的研究态度，还得益于中法两国项目管理者对于细节的极致追求和对项目使命的坚守。正是双方有着这样相得益彰的信任与合作，才使得这一博士项目坚强地挺过三年新冠疫情时期而继续扬帆远航。如果没有对学术一丝不苟、孜孜不倦的科研团队，没有对研究全神贯注、废寝忘食的学生，以及项目运营团队群策群力的支持，这样硕果累累的国际合作将无法实现。我们所携手开展的不仅是一个简单的国际合作项目，而且更是一个国际项目合作中如何驾驭和克服不确定性与处理突发情况的典范！

成功还得益于 Executive DBA 项目尊重与强调的独特价值观。首先，我们特别强调反思性管理中实践与研究的联系，这将促使兼具管理者身份的同学们逐渐成长为服务于其组织的"企业家学者"，学会像学者一样思考问题、像科学家一样探究事物的本质。其次，中欧国际纷繁多元的思维与文化通过本项目产生强烈的碰撞与融合，给予同学们在更宽广的平台上将多种价值观去粗取精和有机融合的机会。在此基础上，同学们得以在全球范围内探索并理解在管理和经营上的前沿议题与最新挑战，并开展深入的研究。基于我们的深厚沉淀以及对未来管理研究发展趋势的把握，PSL 巴黎九大教授们联合清华大学、国家会计学院教授们，致力于通过 Executive DBA 项目帮助同学们建立起全球和本土视野间的理想平衡。同时，我们更期待能够共同建立起一种反思性对话，探索并建立起连接理论和实践经验的新途径。

最后，在清华大学出版社的大力支持以及中法学术委员会的领导下，我们推出了"基于中国实践的管理思想"学术专著的系列丛书，为本项目同学们提供了绝佳的出版机会。我相信任何对金融、战略、经济、电子商务、供应链、生产、人工智能、人力资源、研发等领域感兴趣的读者、研究员和专家们都将受益于这套系列丛书，并从中汲取和深化管理方面的实践知识和概念知识。这美好的成就离不开支持我们的所有人。

在此我祝愿 Executive DBA 项目系列丛书的出版与发行取得圆满成功，我也坚信未来会有更多优秀的研究使它变得更加完善与充实！

艾尔·穆胡·穆胡德

PSL·巴黎第九大学校长

序言

　　对企业成长规律的探索一直是企业管理研究的核心话题，而这种探索又往往以不同的理论范畴和学术范式来体现：有时是战略管理，有时是组织管理；有时是从创新的角度，有时则是从协同或互补的角度。战略管理里面又有不同的学术范式，如定位学派或资源基础学派、计划学派或涌现学派。研究者们希望从不同的领域、不同的层面和角度来更好地理解企业发展的本质和规律。如果我们只是拘泥于其中某一种视角或范式，就会像盲人摸象一样，产生片面的认识。

　　过去已经有很多学者对战略、组织、协同、互补等进行了研究，比如钱德勒研究了战略与组织的关系，得出了"战略决定组织"的结论。从安索夫开启多元化战略研究至今，从多元化的概念、类型、度量、产生的动因等多个方面开展的多元化研究，已经非常全面。然而，人们关于多元化的绩效（究竟是溢价还是折价）还是存在较多的争议。影响多元化绩效的关键因素和机制是什么也还不够清晰。前期关于多元化战略的研究更多的是采用方差研究方法，从外部人视角进行实证研究。很多研究是基于二手资料分析，很难从过程和机制的角度进行深入探究，这也导致前期相关多元化对业绩影响的研究结论通常是不同的，甚至是矛盾的。

　　本书基于过程研究的方法，采用内部人视角，仔细追踪和分析一家案例企业23年来实施相关多元化战略的所有历程和业务拓展的过程，以及支持以上战略实施的组织变革与创新过程。研究涉及战略管理（如相关多元化、核心能力、动态能力）、组织变革、创新、协同与互补、管理认知等领域和概念，要把这些内容关联在一起讲清楚，确实是一个比较复杂的系统工程。

　　本书主要的研究成果是两个模型和十个命题。在案例研究的基础上提出了企业协同演化发展模型，将企业的发展分为探索、深化、扩散、升级等几个阶段，并通过四个命题归纳说明了每个阶段的成长规律和关键点，对实践具有一定的启示意义。为了进一步解释相关多元化成功的关键因素和机制，本书提出了企业互补性机制形成的过程模型，对企业如何通过资源共享进入新的业务领域，并通过组织创新将进入新产业中创建的资源融入整个组织体系中，以及对六种互补资产、时机的判断与把握、相关多元化的边界等问题进行了分析和说明，进一步解释了相关多元化发生的影响因素和内在过程。

过程中还有一些比较有意思的发现和有价值的内容。比如：

1. 组织与战略的关系

本研究从业务拓展与业务协同两个方面进行分析，丰富了对组织和战略之间互动关系的理解。例如，研究分析发现在不同的情况下，战略与组织的关系可能是不一样的：有时是提前进行业务规划，推动组织的进步；有时则是提前进行组织规划，推动业务及相关要素的进步。战略与组织之间的相互关系并不仅仅停留在相关概念上，通过业务拓展创建的资源还通过组织创新融入原有业务和整个组织体系，两者其实是一种相辅相成的动态关系，关键在于两者之间的匹配性。

2. 技术与客户矩阵

书中提到了技术—客户矩阵，公司可以在积累核心技术与不断进行技术创新的同时，识别和开发现有客户与新客户的需求，将技术创新通过细分客户需求的实现转化为公司经营成果。企业通常会从技术、产品、客户、市场四个层面来考虑从技术到市场的创新与拓展。这个矩阵可以用来支撑公司做技术规划和客户规划的参考，以推动公司的多元化业务发展。

3. 对互补性概念内涵的解释

本书第 4 章中对互补性概念的内涵进行了可操作性定义，互补的模式包括共享、互补和与总体一致，并分别说明了概念的内涵、要说明的关系、所包括的内容、用途与价值，以及实现互补性的几种方式。

此外，本书对技术轨迹的分析、管理认知与战略选择等内容也是值得关注的。

我和李章溢先生结缘于清华大学的 PSL·巴黎第九大学高级工商管理博士项目（EDBA），当时我为该项目的博士生讲授"定性与案例研究方法"课程。

章溢作为 2017 届 EDBA 博士生，全程聆听了这门课程并积极参与案例讨论和发言。记得课程结束后我们乘同一辆车去北京机场赶航班分别回上海和深圳，临别前章溢还送了一本他的书《中国企业员工绩效管理模型研究》给我，这是在他的硕士学位论文的基础上修订出版的。

2019 年 6 月 8 日—9 日，章溢和部分同学还参加了我们在上海交大安泰经济与管理学院举办的"中国企业本土视角下的组织变革与领导行为研究"国际学术研讨会。这次会议中我们有幸邀请到很多顶尖的专家和学者，如美国管理学会（Academy of Management）前任主席、美国明尼苏达大学卡尔森管理学院弗农·希斯荣誉讲席教授、*Academy of Management Discoveries* 创刊主编 Andrew Van de Ven（安德鲁·范德文）教授，他做了"入世本土学术研究面临的机遇与挑战"的报告，带领大家讨论入世治学精神到底对学者和商业有着怎样的影响，学者如何在问题形成、理论构建、研究设计和问题解决四个环节中实现对商业实践的影响以及该模式在研究设计和实施方面会遇到的挑战。遗憾的是范德文教授已不幸去世，谢谢他曾经给我们带来的精彩报告，我们就是在这样的氛围影响下成长进步的。

根据校方的安排，后来我成为章溢的博士论文导师，开始了漫长的学术之旅。章溢作为在职人员，工作非常繁忙，一开始我还比较担心他对论文的投入和对学术的态度；随着论文研究的推进，我发现章溢还是非常认真和投入的。巴黎九大的博士论文要求比较严格，从开题、预答辩到正式答辩，每个环节都由法方和中方教授认真评审、严格把关并反馈意见。经过四年的努力，章溢的论文获得了教授们的认可和较高的评价，并获得了最高荣誉。

中国管理研究国际学会（IACMR）第九届学术年会于 2021 年 6 月 16 日至 20 日隆重举行，我担任大会主席，大会于 6 月 18 日下午特设专题讨论会，主题为"管理理论构建：管理者与研究者的对话"，李章溢做了关于"企业互补性机制的形成过程——基于协同演化过程视角的企业相关多元化发展研究"的分享，取得了较好的反响。

2021 年 11 月，在对欣旺达调研和研究的基础上，由我主编、章溢参编的欣旺达案例成功入选教育部中国专业学位案例中心，收录案例的名称是《欣旺达的组织成长战略》。中国经济的发展和企业的崛起，正在呼唤本土管理理论的研究，这也是一名学者和教授毕生的追求。我曾于 2020 年 4 月出版了《组织变革管理：融合东西方的观点》一书，提出了"势"的概念，认为势是一种行动的潜能，在特定条件下企业能够通过对自身资源的充分利用和掌控，进而带来有机增长。围绕着"势"的概念我和团队进行了一系列的研究，欣旺达的案例反映的正是这方面的想法。

在未来的研究历程中，学者需要和实践多结合，实践中的管理者也要多做理论上的提升，从而加强理论界和企业界的融合。章溢作为一名管理实践工作者，能够从内部人视角来开展案例研究，这不仅是对公司管理的一种提升，也是对管理理论研究的一种积极探索。

清华大学的 PSL·巴黎第九大学高级工商管理博士项目，以"成就企业思想家"为使命。这个项目不仅讲授一些管理技能和各个职能的专业课程，而且还注重研究方法与哲学。在当前这个信息丰富甚至过载的时代，对于提升企业家和企业管理者的底层思维，改变管理认知有很大的帮助。章溢在这个过程中也把自己过去的企业经验和所学习的知识进行了系统总结和提炼，本书就是这方面成果的体现，这对于管理实践者和研究者来说也是一个很好的借鉴和参考。

当然，任何研究都不可能一蹴而就，也希望更多的同仁参与到相关主题的讨论和验证中来。

中国管理研究国际学会主席

上海交通大学安泰经济与管理学院教授

井润田

前言

多元化是企业发展战略中一个不容忽视的议题。无论是专业化还是多元化经营的企业，在企业发展的过程中，都需要思考市场、产品、技术及组织的发展和延伸方向。专业化和多元化又是相对的，专业化某种程度上是多元化的一种极端情况，大多数企业发展到一定阶段都不得不面对或思考多元化发展的问题。

前期关于多元化战略的研究多是采用方差研究方法，从外部人（outsider）即研究者的角度实证分析企业的相关多元化程度如何影响企业的经营业绩，其中相关业务的互补性通常作为解释以上业绩影响的机制之一。然而，由于外部人研究视角的限制，以上研究多是基于二手资料分析，无法真正反映相关多元化带来互补性效应的产生与演化过程，这也导致前期关于相关多元化对业绩影响的研究结论通常是不同的，甚至是矛盾的。因此，本书将基于过程研究方法，采用内部人（insider）视角仔细追踪和分析一家案例企业23年来实施相关多元化战略的所有历程和业务拓展的过程，以及支持以上战略实施的组织变革与创新过程（包括组织结构、流程制度、激励机制等）。

本书的研究问题是：相关多元化企业协同演化发展的过程是怎样的？相关多元化企业互补性机制是如何形成的？本书期望通过对以上问题的研究，打开前期相关多元化研究中关于互补性机制的黑箱，进而为理论界和实践界认识企业相关多元化战略贡献更翔实的一手资料，为研究者辨析前期实证研究中的矛盾结论提供更深入的解释机制。

本书在分析欣旺达发展历程和各种因素变化的基础上，提炼出企业协同演化发展模型，将企业的发展分为探索、深化、扩散、升级等几个阶段，并得出以下命题：①在探索阶段，要找到一个能够满足客户需求，实现产品销售和利润或其他价值的机会点；②在深化阶段，面对众多机会，要确定好企业的核心定位，围绕一条主线去深挖，构建企业的核心能力，以形成一定的核心技术、商业模式或管理模式的相对优势；③在扩散阶段，要以专业化为基础，基于企业的资源能力和市场机会之间的匹配性来进行业务拓展，获得成功的概率相对更高；④在升级阶段，要站在更大的生态系统，从整个产业链和利益相关者的角度来思考、布局企业的发展。同时，平台能力的构建需要一个长期积累的过程，没有核心能力的平台型企业很难整合众多生态企业的优势，从而体现整个生态系统的价值。

为了进一步解释相关多元化成功的关键因素——互补性机制的形成过程和机理，本研究得出了企业互补机制形成的过程模型及以下命题：①企业通过资源共享进入新的产业领域，资源共享提供了企业实现相关多元化战略的资源和能力基础；②企业有六种互补资产，其中技术与客户资源是两种典型的互补资产，企业的互补性包括共享、互补与整体一致等方面；③企业的相关多元化战略实施进度依赖于对市场机会与节奏（时机）的判断和把握，组织与战略和环境的变化体现出共同演化的特点；④企业进入新产业中创建的资源需要通过组织创新融入整个组织体系中；⑤业务拓展与业务协同是企业实施相关多元化战略互补性的两个基础活动，业务拓展范围越宽，对业务协同的要求就越高；⑥相关多元化战略的业务边界取决于企业的资源准备与管理能力，包括互补资产的积累、时机的把握和管理协同的能力。总体而言，企业在协同演化的过程中，逐步形成了互补性机制，构建了业务活动之间相互依赖、对立统一、协调一致的互补性，形成了相关多元化企业的竞争优势，从而推动企业取得良好的绩效。

总体来看，本书通过企业发展的关键过程和要素的分析，从过程、要素、关系和机制等方面对企业多元化发展进行了整体和动态视角的研究，系统、全面地解释了企业相关多元化发展过程的关键因素及其运作机理，尤其是互补性机制的形成过程。

目 录

| 引　言 |

1.1　选题背景及其意义

肯尼斯·R. 安德鲁斯（1971）在其经典著作《公司战略的概念》中定义的公司战略就是把公司能够做什么（组织的优势与弱势）与可能做什么（环境的机遇与威胁）画上等号，但是对于如何评价等式的两边，却不能很好理解和操作。迈克尔·E. 波特（1980）在《竞争战略：分析行业与竞争对手的技巧》一书中提出了五力模型，认为五种力量能决定行业的平均利润率。波特的分析建立在产业组织理论中结构—经营—业绩（S-C-P）范式的基础上，其强调的重点显然是行业层面的。这种分析使如何选择正确的行业以及其中最有吸引力的位置成为人们关注的重点。

核心竞争力理论提出后，情况出现了 180 度的转变，人们的注意力开始从外部转向内部。这些观点强调了组织内部的专业技能、共同知识、组织能力的重要性，并认为公司竞争力的根源在于内部，公司现有资源制约了对新战略的选择。但这种观点过多关注内部而忽视了外部。而资源基础理论则有利于在这两者之间搭建桥梁，并使安德鲁斯体系的美好愿景成为现实。这种观点以公司环境为背景，指出公司特定资源和能力的重要性，总体而言还是侧重于关注内部。

动态能力理论的提出为缓解战略管理学中两个主要理论学派之间的紧张关系提供了一个有益的尝试。动态能力是一种调配和使用资源的能力，既是利用资源去开发和捕捉市场机会的能力，又是保持企业的资源组合与外部环境动态匹配的能力。这种理论融合的尝试有效地打通了产业定位和资源组合之间的联系，初步实现了对 SWOT 分析中内外契合精神的回归。没有良好的市场定位，独特的资源可能得不到完全施展。而资源组合配置不当，也会影响企业对市场机会的把握。企业的资源位置应与其市场位置互为支持与补充，相得益彰。

在战略管理理论发展的过程中，多元化一直是一个重要的研究领域。自 20 世纪 50 年代至 60 年代以来，多元化已成为大多数工业化经济体的主要商业形式（Basu，2010；Mayer，Wright & Phan，2017；Rumelt，1982）。自 Ansoff 最早在 1957 年发表论文《多元化战略》，首次系统研究了多元化战略的内涵至今，多元化的研究经历了一个漫长的过程。多元化已经不再是一个新鲜的话题，但是与多元化相关的问题至今仍是一个困扰企业却又绕不开的战略主题。一个公司的管理者可能面临的最具挑战性和关键的决策之一就是是否要多元化、要走多远，以及如何做到这一点（Aggarwal & Samwick，2003；Goold & Luchs，1993）。

理论上，对多元化企业绩效的认识还存在一定的争议（Luis Ángel Guerras-Martín、Guillermo Armando Ronda-Pupo，2020；Grigorij Ljubownikow、Siah Hwee Ang，2020；Robert M.Grant，2016；Belen Villalonga，2004；贾良定等，2011；尹义省，1999），多元化发展过程中互补性机制的形成过程以及（Teece，1986，1997，2006；周沛，2016；宋燕飞、尤建新，2013）与多元化相关的一些概念及其关系还不够清晰，比如对于共享、互补和协同，每一个学者都有自己独特的理解，但是，将这几个概念放在一起来看的时候，他们之间究竟是什么样的关系？这给实际工作和后来的理论研究者都造成了很大的困惑。多元化过程中，环境与时机、管理认知、战略、组织、资源、能力等多种因素是如何协同发展和演化的？导致多元化成功的关键因素和机制是什么？至今还鲜有将多种因素集中起来并放在整个发展过程中来进行考察的案例。

实践中，在中国改革开放以来经济快速发展以及在双轨制经济的大背景下，企业大规模持续增长，多元化是很多企业必将面临的课题。作为中国本土企业，其成长的路径、历程、关键要素及规律是什么？企业相关多元化战略在各业务之间、业务与组织之间的互补性是如何形成的？简而言之，相关多元化企业协同演化发展的过程是怎样的？相关多元化企业互补性机制是如何形成的？这些问题仍然没有完美的答案。

Gautam Ahuja 和 Elena Novelli（2017）认为，为了更好地引导管理者，需要沿着互补的道路发展——尽管过去的研究往往侧重于回答多元化是否影响公司绩效这一重大问题，但第二条路径将更侧重于识别多元化增加或减少价值的精确微观机制。

"通常最好准确选择一个特定组织,这种做法能保证获得其他组织所无法提供的某些深刻见解"(Siggelkow,2007)。笔者选择了欣旺达电子股份有限公司(以下简称欣旺达)作为案例企业,以期通过对该案例的深入研究来进一步完善关于企业多元化发展的相关理论和实践认识。

欣旺达成立于 1997 年 12 月,是一家立足深圳、面向国内外市场的新能源企业。欣旺达注册资本为 15.48 亿元,2011 年 4 月在中国创业板上市(股票代码:300207),是创业板第一家"锂电池模组整体解决方案提供商"。公司成立至今二十多年来一直专注于锂电池的研发、生产,手机电池类锂离子电池模组近几年出货量全球第一,全球市场占有率高达 20% 以上,国内市场占有率超过30%。

公司从创业时的几个人发展为目前三万多人的综合型高端制造企业,是深圳市具有代表性的民营企业和新能源产业的领军企业之一,被评为中国民营制造业 500 强、2018 年中国电子信息百强企业、中国电池百强企业、深圳市工业百强企业,并被认定为国家企业技术中心、广东省智能制造示范试点、国家级高新技术企业,拥有博士后科研工作站和院士工作站。公司现有深圳石岩工业园、深圳光明工业园、惠州博罗工业园、南京产业园、印度新德里工业园等生产基地。欣旺达先后通过了 ISO 9001、ISO 14000、QC 080000、TS 16949 等体系认证,并于 2020 年获得深圳市长质量奖金奖。

经过近二十年的发展与积累,欣旺达逐步确立了六大产业群、六大业务的合理布局,将支撑其做成千亿元级的企业。六大业务如图 1.1 所示:

图 1.1 欣旺达六大业务

资料来源:根据欣旺达简介整理

公司六大业务的情况简要说明如下：

（1）3C（Computer，Communication，Consumer）类电池：此项为公司的传统核心业务。欣旺达持续加大研发投入，加强品质管理，手机数码类锂离子电池模组业务持续增长，公司已成为国内外大部分一线手机厂商的主要供应商。该产业处于风口后期，市场规模遭遇到天花板。作为立业之本，欣旺达一方面将保障充分的运营资源，做透、做强，精耕细作，关注颠覆性的技术变化，维持市场的标杆和龙头地位；另一方面，深挖国内消费类电池市场，拓展国际市场，重点开发 PC（Personal Computer）电池的市场，形成新的业务增长点。

（2）智能硬件：依托 3C 电池制造形成的生产制造能力，公司在虚拟现实（Virtual Reality，VR）、穿戴设备、无人机、电子笔、机器人等新兴智能硬件方面开展整机 ODM 业务，为未来的业绩持续增长培育新的增长点。随着通讯和互联网的发展，人们对智能化终端产品的需求不断增长，智能硬件市场前景广阔。经过前期的市场培育进入了高速增长阶段，目前处于群雄混战、良莠混杂无序的局面，需要强势品牌确立新的市场格局。欣旺达将致力于打造智能制造平台、创新平台、创业孵化平台，力求高品质制造的核心优势得到释放与扩展，实现从电池到终端产品的成功转型。

（3）汽车电池：欣旺达在电动汽车方面的业务规划包括电动汽车电池、控制器、电机及动力总成系统、动力电池检测等。电动汽车是国家战略性新型产业，具有较大的市场发展空间。欣旺达将通过研发投入和技术积累弥补差距，进入动力电芯等关键环节，攻克充电时间长及续航里程短的难题，开拓大客户，占据制高点，抓住产业的风口。公司已建成行业领先的动力电池智能制造车间及检测实验室。全资子公司欣旺达电动汽车电池有限公司参与了雷诺日产联盟组织的电动汽车电池采购活动，并于 2019 年 4 月收到了联盟发出的供应商定点通知书，相关车型未来需求 115.7 万台，为公司电动汽车电池未来的增长奠定了坚实的基础。

（4）储能业务：包括公用事业和商业储能系统、家庭储能和便携储能、通信电源等。目前正处于行业起步阶段，未来市场容量大，但仍需要培育，市场格局还未形成，这将是欣旺达面临的巨大机遇。考虑到投资回报周期长、政策影响大、市场尚未成熟等业务特点，欣旺达将坚持稳健投入与运营，致力于重点突破，树立标杆案例，占据有利位势，逐步确立品牌影响力，再全面开拓市场。

（5）智能制造：包括核心装备设计与制造、自动化生产线设计改造、制造执行系统（MES）、智能制造系统解决方案。适逢工业 4.0 的发展机遇，具有广阔的市场前景，增长快，但更多的是定制的非标自动化设备，规模受限。智能制造部门将致力于一方面为内部配套服务，持续提升欣旺达自动化水平和高端制造能力；另一方面密切关注外部市场机会，不断开拓新客户，实现业务的不断增长。

（6）检测业务：提供电芯材料测试、电池产品测试、电池组安规认证、化学环保检测。虽市场容量有限，但具有一定的战略意义：一方面，致力于制定行业标准，塑造行业地位，在内部配套时巩固优势、助力产品销售；另一方面，坚持"走出去"，整合检测资源（科研院所、大学、企业等社会检测资源），创建共享平台。

欣旺达的业务发展到现在的布局并不是一蹴而就的，其本身就是一个不断规划、积累和演化的过程。欣旺达的主要业务演化路径如图 1.2 所示：

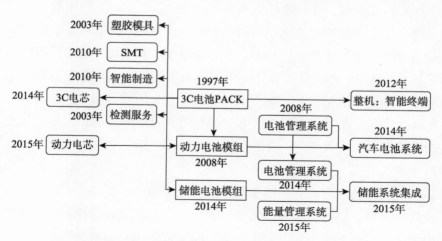

图 1.2　欣旺达的主要业务演化路径
资料来源：根据欣旺达发展大事记整理

公司最早从事手机电池的封装（PACK）业务，主要是将电芯、电池保护板、结构件等通过 PACK 工艺组装成可供手机使用的电池。为了能够快速响应并高质量低成本地服务好客户，在电池组装的基础上，公司不断往上游（后向一体化）构建能力和拓展业务。第一，为了做好精密塑胶结构件，公司开发了模具和塑胶的研发和生产业务，主要是对内服务，同时也承接外部业务。第二，为了做好电池保护板，公司开启了电池保护板的设计和 SMT（Surface Mount Technology）的生产。第三，为了检测模拟电池在遭受挤压、针刺、燃烧、热冲击、重物冲击、过充、强制放电、短路时的情形，从而判定电池的安全性能是否可靠以及其他的相关检测，公司建立了电池检测实验室。第四，为了在深入理解产品工艺的基础上，不断提升自动化的水平，提高生产效率，公司建立了自动化产线，同时加强了在核心设备（如测试设备）以及工装夹具方面的设计和生产能力。第五，公司还收购了手机电芯厂，进一步拓展了在产业链中的位置，巩固了在行业中的竞争优势和地位。

欣旺达在手机电池的基础上，不断拓展了笔记本电脑电池、数码类产品电池，统称为 3C 电池 PACK 业务。并在 3C 电池业务的基础上，还向下游（前向一体化）拓展了智能终端类产品电池以及整机的 ODM 业务，开辟了新的业务增长点。

基于在 3C 电池领域积累的能力和经验以及对锂电池和锂电行业的理解，为了布局和开拓更多的业务增长点，欣旺达开始向电动汽车电池和储能领域迈进。在电动汽车领域，首先进行电池模组、PACK 和 BMS（电池管理系统）的研发制造，后来延伸到动力电芯的研发和制造，并在动力总成、锂电回收、上游的材料等方面进行了产业链布局；在储能领域，从电池 PACK、BMS（电池管理系统）、EMS（能量管理系统）到储能系统集成，分别在电力储能、家庭储能、通讯基站和数据中心储能等领域进行了业务拓展和布局。

由此，欣旺达逐渐形成了以锂电为核心的纵向一体化和相关多元化的业务发展与产业布局。老业务为新业务提供了现金流，新业务为未来公司的整体发展开辟了成长空间。新老业务之间的平衡、新业务时机的把握、资源的合理分配、核心能力的构建与演化伴随着整个发展与变革的过程。

在战略管理、协同、互补、创新、演化、组织变革等理论研究的基础上，本研究尝试以嵌套案例来探索以上在理论和实践中遇到的问题答案。

本研究的理论意义在于：

（1）采用过程研究方法，追溯和浮现企业相关多元化战略的演化路径，揭示了企业互补性机制的形成过程及机理，弥补了之前基于方差方法研究的不足。

（2）采用嵌套式单案例研究方法，深入分析了企业内部互补性发生的实际情况，对互补性相关的概念、内容、模式进行了可操作性定义，澄清了互补以及协同概念的相互关系。

（3）组织与战略之间是相互影响和适应的，这方面已经被很多研究证实。然而，组织作为一个系统，其各种因素在不同的阶段是如何发展、演化和相互影响的，目前的研究还不够清晰，尤其还缺乏系统深入的案例研究。本研究详细分析了外部环境与时机、管理认知、业务发展、组织变革、资源能力等各种因素在案例企业成长四个阶段的变化及相互影响，从而说明整个组织是如何协同演化的，以及组织系统与战略业务系统如何相互影响和互动。

本研究在实践方面的意义：

（1）可以指导企业进行多元化发展路径的选择。企业可以结合本书的研究，判断自己的企业属于哪一种类型，是相关多元化还是非相关多元化。本研究更鼓励企业进行有限相关多元化发展。

（2）提示企业无论是专业化发展还是多元化发展，专业性和核心能力的建设都是其发展的基础。只有每一块业务都有竞争力，整体才会有竞争力。技术的积累与多元化，将为企业新产品的设计、新客户的开拓奠定基础，从而支撑企业相关多元化的发展。

（3）通过企业整体协同演化发展模型的学习，可以帮助企业更好地理解其发展的过程和阶段，以及每一个阶段的重点任务和课题。企业在每一个阶段都要做到各种因素的匹配和一致，同时又要为下一个阶段的发展提前做好规划和布局。

（4）对于相关多元化发展的企业，通过对互补性内涵的理解和互补性机制形成过程模型的学习，进一步认识到互补性是一个非常重要的课题，企业可以通过共享、互补与整体的一致等方式来推动企业互补资产的建立，同时通过组织创新来进一步推动互补性机制的形成，推动新创建的资源融入整个组织体系，从而发挥互补效应和整体协同效应。

1.2　研究的目的

本书将基于过程研究方法，采用内部人（Insider）视角仔细追踪和分析一家案例企业 23 年来实施相关多元化战略的所有历程，以及支持以上战略实施的组织变革与创新过程（包括组织结构、流程制度、考评激励等）。

本书的研究问题是：相关多元化企业协同演化发展的过程是怎样的？相关多元化企业互补性机制是如何形成的？

本书期望通过对以上问题的研究，打开前期多元化研究中互补性机制的黑箱，进而为认识企业相关多元化战略贡献更翔实的一手资料，为研究者辨析前期多元化实证研究中的矛盾结论提供更深入的解释机制。

1.3　研究的框架和内容

本研究的基本框架和技术路线如图 1.3 所示。

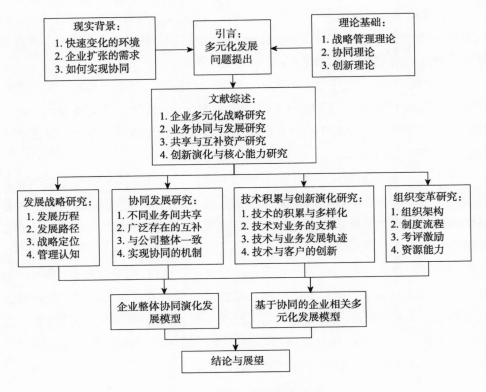

图 1.3　研究框架和技术路线

本书共分为六章，每一章的主要内容如下：

第 1 章引言，介绍了研究的背景、意义，研究的问题、目的，研究思路和主要内容安排。

第 2 章文献综述，对战略管理、协同、互补、创新、组织变革等相关的理论进行了回顾和梳理，指出了现有文献的局限性，并在此基础上提出了研究的方向。

第 3 章研究设计，说明了研究的方法和思路、案例的选择、数据的收集和分析。

第 4 章企业相关多元化的业务拓展过程。本章将案例企业分为四个发展阶段,对企业的发展历程以及各个业务之间的互补性机制、企业的技术积累与创新演化的路径都进行了全面深入的研究,说明了企业是如何通过资源的共享和互补来拓展业务,以及如何通过技术的积累、多样化和迁移来支撑公司业务的发展。同时,还通过技术—客户创新矩阵分析了公司如何通过技术创新和客户创新来实现业务的创新与拓展。

第 5 章企业整体协同演化发展与互补性机制的形成。业务的多元化发展离不开组织管理体系的变革与创新。本章从组织架构、流程制度、考评激励等方面分析了企业发展过程中每个因素是如何发展变化的,并在前面分析的基础上,对企业发展四个阶段的各种因素进行了分析和总结,包括环境与时机、管理认知、战略与业务、组织变革、资源能力等,形成了企业整体协同演化发展模型。在前面分析的基础上,为了进一步揭示相关多元化获得成功的核心的因素——互补性机制的形成过程,本章从业务拓展与业务协同、业务发展与组织创新等角度进行分析,提出了企业互补性机制的形成过程,并得出了相关的命题,回答了研究的问题。

第 6 章研究结论与展望。本章对互补与协同的概念进行了进一步的讨论,对研究进行了总结,指出了研究的不足与局限,并提出了未来的研究展望。

第 2 章

文 献 综 述

为了使之前的研究有一个完整、清晰的线索，从而为本研究提供一个相关的理论背景和框架，帮助笔者提高理论敏感度，同时也方便读者对本研究相关领域有一个相对完整的理解，结合研究的主题，本章针对企业发展的相关议题，从战略、协同与互补、组织变革与创新等相关方面进行了文献综述，并对存在的问题与局限性进行了说明。

为什么要选择这些理论？需求是如何产生的呢？一方面是基于本研究问题而作出的选择，从整体来看，企业战略关注外部机会、内部能力和资源，以及基于内外部匹配的战略选择，与之对应本书选择了战略的理论（包括多元化相关的理论，以及核心能力及资源基础理论等）、组织变革与创新的理论。另一方面也是研究过程中对所产生问题的补充说明，比如：本书的重心之一是希望用互补的理论来进行解释，但是在研究的过程中发现绕不开与互补相关的概念如协同、共享等，所以在文献部分补充了协同的内容，同时也发现，这些概念之间的关系在理论和实践中目前还不够清晰，还没有形成共识的界定，因此，补充了协同等相关的文献。而在影响战略的选择方面，发现除了机会、能力和资源外，认知是一个非常关键的影响决策的因素，否则很难解释即使是相似的企业为何会作出不同的选择，因此补充了管理认知相关的文献。文献综述先有一个大致的框架设想，再回顾一下前人的研究，同时根据研究过程中产生的问题，回过头来不断补充完善的过程。最终，在前人研究的基础上，通过本书案例的研究，溯因推理和归纳出本书的命题和结论。

这些理论之间的相互关系是什么呢？这部分所涉及的理论是不同的人从不同的研究视角发展起来的。在过去，把多元化战略、资源基础理论、核心能力等联系起来的分析比较多，但是把战略理论同互补、协同、组织创新以及管理认知放在一起来分析，确实面临很大的挑战。然而，这也是由本研究的初衷和最终确定的研究方向决定的。本研究的初衷就是想以欣旺达为例来探索中国本土情境下相关多元化企业发展的规律及关键成功因素，具体分解为两个研究问题：相关多元化企业协同演化发展的过程是怎样的？相关多元化企业互补性机制是如何形成的？要回答这两个问题就会涉及以上提到的这些研究领域。本书希望从整体、系统、过程的视角来探寻和回答这些研究问题，因此，所涉及的这些理论共同构成了对企业整体发展认识的基础，也是本书最后所提出的两个理论模型的概念基础。

2.1　战略管理研究

战略管理理论包括多种流派和范式，明茨伯格（2006）在《战略历程》中将其归纳为十大流派。马浩（2017）在《战略管理学 50 年：发展脉络与主导范式》一文中对近 50 年战略历程和主导范式及其发展趋势进行了分析，并于 2019 年在《战略管理研究：40 年纵览》一文中进一步详尽地回顾了战略管理学领域的演进历程和研究风貌，探讨战略管理领域的使命、核心问题以及边界划定，然后分别梳理和总结了不同的因素对于企业绩效这一终极因变量的影响。与研究视角关注的侧重点不同，比较有代表性的是侧重于企业外部的"定位派"（如：迈克尔·E.波特），以及侧重于企业内部的"资源基础理论"（如：杰伊·B.巴尼）。本节主要选择和本研究相关的文献进行说明，包括多元化战略、资源基础理论和核心能力理论。

2.1.1　多元化战略研究

1. 多元化的含义

美国著名学者 Ansoff 最早在 1957 年的《哈佛商业评论》杂志上发表的论文《多元化战略》中，首次系统地研究了多元化战略的内涵。1965 年，Ansoff 在发表的专著《企业战略》中，再次丰富和完善了多元化战略的概念。他认为，多元化战略是企业进入一个新产品领域的战略选择，他是企业为长期发展需要而采取的扩张行为。他调研了 1909—1948 年间美国最有影响力的 100 家公司，从它们的发展演化进程中总结出企业成长的四种基本方向，并把这一思想总结成一张图表，即"产品—市场矩阵"，如表 2.1 所示。他认为用原有产品开发新市场，属于市场开发战略；在原有市场投入新开发的产品，属于产品开发战略；只有用新产品去开发新市场，才是多元化战略。这是从公司成长角度第一次明确了多元化战略的定义。

表 2.1　企业产品—市场战略选择

产品线	市场				
	原市场	新市场 1	新市场 2	…	新产品 m
原产品	产品开发	多元化			
新产品 1					
新产品 2					
…					
新产品 n					

1959 年，英国学者 Penrose 在《企业成长理论》一书中，以公司个体为研究对象，探讨企业多元化发展问题。她认为企业拥有的资源数量的增加推动了企业往多元化方向发展。追求企业规模扩张是管理者的天性，管理者总是倾向于利用剩余的内部资源，尤其是决策能力资源并将其运用到更大的商业机会中，而且还需保证资源在每个领域的有效利用，才能取得多元化的成功。Penrose 认为多元化过程是在企业基本保留原有产品生产线的基础上进行新产品的生产和扩张。她认为多元化包含了各种横向产品种类的增加、纵向一体化程度的增加以及企业所涉及的产品经营数目的增加。

1962 年，Gort 的著作《美国产业的多元化和一体化》首次采用数量分析法研究了美国企业的多元化进程，指出多元化与企业绩效的关系。Gort 从行业和市场角度，认为企业所活动的异质性市场、行业的数量的增加即为多元化过程，多元化包括了产品多元化和市场多元化。其中生产活动的异质性不包含差异不大的同类产品或产品组合。

除此之外，许多其他学者也曾对多元化作出解释。Rumelt（1974）从企业战略的角度为多元化下了指导性的定义：多元化是企业在创新活动中的一种战略选择。企业本身拥有发展多元化业务的技术和能力，是在原来活动基础上开展新的活动表现出的一种战略。Rumelt 认为多元化的必要前提是企业具备新的研发、生产、销售等配套资源和设施，并且有与多元化战略相适应的抗风险能力。Rumelt 还提出，企业多元化业务之间关联性越强，组织协同的作用就越大。Pitts（1977）将多元化定义细化为企业需要同时涉足两个以上不同的行业，涉足行业越多，多元化程度就越高。那些同时在六个以上领域布局业务，且每个业务营业额占企业全部业务比重不超过 60% 的企业，被称为高度多元化发展的企业。Simmonds（1990）的研究论证了 Pitts 的观点。Lang 和 Stulz（1994）进一步定义多元化战略为企业至少在五个领域以上开展经营活动。

在中国，对企业多元化战略的认知和研究始于 20 世纪 90 年代。一些学者在中国经济转型发展的大背景下探讨企业多元化战略的动因和途径。1999 年，清华大学尹义省出版了《企业多角化成长与业务重组》一书，对多元化理论进行了系统梳理和总结。他认为多元化是一种公司成长行为，包含了公司经营范围的拓展和经营方向的选择，是市场、技术、生产等多方面多元化发展的有机组合，并强调多元化发展要求企业把握时机、方向和策略。同年，康荣平等出版的《企业多元化经营》一书详细介绍了西方多元化战略的演化历程，并基于此构建了中国企业多元化发展的理论体系。研究表明，在不同的市场背景下，企业多元化路径和效果会有较大差异。2006 年宋旭琴、蓝海林出版了《我国多元化企业组织结构与绩效的关系》一书，建立了多元化企业采用事业部制的影响因素分析模型，通过对多元化企业内部因素和外部环境的探讨，对中国企业采用事业部制的原因给出了解释。2015 年徐希燕出版《企业多元化战略研究》一书，从多元化战略的研究背景、多元化战略的识别、战略结构的筛选、多元化经营企业组织结构的选择与匹配、多元化经营企业协同战略与竞争优势等方面进行了研究，丰富了多元化战略研究的理论体系。2015 年贾军出版了《多元化企业运营协同研究》一书，从企业运营协同实现的要素及机理的角度来研究，认为在多元化企业业务协同发展的过程中，协同成本、技术资源、互补资产、外部环境等都是影响协同效应实现的重要因素。2020 年于雅鑫对美的集团多元化经营战略动因及绩效进行了研究，认为美的是多元化战略成功的典范，但同时也还在很多方面有待改进。

Luis Ángel Guerras-Martín、Guillermo Armando Ronda-Pupo 等（2020）以 1253 篇文章为样本，用文献计量学的方法分六阶段深入分析了 1970—2017 年公司多元化研究的历史演变，揭示了每个阶段的主要问题和它们之间的联系，提出了一个新的全面的研究框架。研究发现：过去的研究更多是从战略管理、经济学和金融学等角度进行的，中心议题有："公司多元化""绩效""纵向一体化""方法论问题""理论问题/模型"和"行业分析/竞争"等，不同阶段的侧重点有所不同。他们认为，虽然在不同的研究领域的理论基础似乎都已相对完善，但一个完整的公司多元化的综合理论仍然是必要的，探索多元化前因后果的动态研究目前还是缺乏的。本书的研究也试图弥补多元化研究在这方面的不足。

2. 多元化的类型

根据 Ansoff（1965）的著作《企业战略》，企业多元化经营主要可归纳为以下四种类型：①横向多元化，也称水平多元化，指企业将生产的新产品销售给原有市场的顾客；②纵向多元化，又称垂直多元化，是指企业进入生产经营活动或产品的上游或下游产业，其中前向一体化是指业务向下游延伸，例如原料厂商向加工制造厂商发展；后向一体化则是指业务向上游延伸，例如加工制造企业向零部件制造工业扩展；③同心多元化，以企业原有业务为核心扩展相关新的业务；④混合多元化，即发展与原有业务不相关的新业务。Ansoff 认为，同心多元化相对具有更大的获利空间和更低的风险。

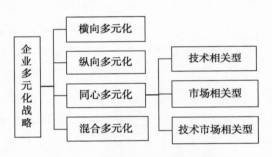

图 2.1　安索夫的多元化战略类型

Wrigley 和 Rumelt 对企业多元化战略进一步分类。Wrigley（1970）针对专业化和相关化程度，把多元化战略分为主导产品型、单一产品型、相关产品型和非相关产品型，并运用分类法进一步将其划分为四大类和九小类。Rumelt（1974）则按照各个业务间关联程度与收入比例，把相关性多元化又细分为：①优势—纵向型，即纵向一体化业务收入占总收入大于 70%；②相关—限制型，主要业务收入占总收入少于 70%，但与其他相关业务总体占比大于 70%；③相关—联系型，指主要业务收入占总收入低于 30%，但与其他相关业务总体占比大于 70%。

在西方理论研究的基础上，我国学者康荣平（1999）曾将多元化分为：①相关型，即企业围绕原有产品和市场，在有限范围内拓展新业务，比如利用原有市场或技术；②无关型，是指脱离现在的行业，进入看上去无关的行业或市场；③垂直链型，即在企业价值链活动范围内实施新业务。

在本研究中，笔者沿用国外学者 Rumelt 和国内康荣平等人对多元化的分类方式，将多元化分为相关多元化与非相关多元化，本研究主要针对相关多元化。

3. 多元化的度量

Gort 在 1962 年的研究中首次提出了企业多元化的测量方法，以"主要产品集中率"为判别标准，分析企业业务对应的 SIC 编码数量，作为判断多元化程度的指标。具体说来，企业运用某个阶段所涉足的 2 位、3 位或 4 位数字 SIC 编码数目，从而评估多元化战略程度（Gort，1962；Rhoades，1974）。一般说来，企业经营活动所涉及业务数量越多，企业多元化程度也就越高。反之，涉及业务种类越少，多元化程度就越低。

十年后，Berry（1971）和 Mcvey（1972）分别将"赫芬达尔指数"运用于多元化水平的测度上，并且获得广泛认同。赫芬达尔指数一般分为两种。第一种是"基于业务销售额的赫芬达尔指数"（Based-sales Herfindahl index），该数值是公司每项业务营业额占全部业务收入比例的平方和。比如企业在仅经营单一业务的情况下，该企业的赫芬达尔指数是 1。第二种是"基于业务资产额的赫芬达尔指数"（Based-assets Herfindahl index），该数值是指企业每项业务资产额占全部资产额比例的平方和。

Jacquemin 和 Berry 在 1979 年提出运用"熵"值（entropy）来衡量企业多元化水平，并揭示其与企业成长之间的关系。1985 年，Palepu 又运用"熵"值研究多元化战略是如何影响企业收益率的。"熵"值法主要从三个角度考虑多元化影响因素：①企业涉及产品和业务的种类；②各类产品收入在总销售收入中的比重；③不同种类产品的相关度。

1998 年尹义省在《管理工程学报》上发表《中国大型企业多角化实证研究》一文，熵测度法在国内首次得到验证。

4. 多元化产生的动因

从理论上说，企业是否实行多元化战略依赖于其所处的内外部环境。国外学者主要从产业组织、委托代理、交易成本等理论视角来研究多元化的动因，强调外部市场环境、机会与效率、内部资源条件等是导致多元化战略的因素。

外部环境决定理论分为市场势力理论、范围经济理论、规避行业萎缩理论等。Corwin Edwards 和 Gribbin（1955）作为市场势力理论的代表，认为企业发展多元化业务能够获得比单一业务更高的成功率。Amit 和 Livaut（1998）认为，企业利用现有的核心技术、生产能力、营销渠道等资源，发展相关新业务，实现范围经济，是企业进行多元化经营的动机之一。Rumelt（1977）认为多元化战略是企业在原业务前景不佳时，为了获得持续盈利能力的一种补充手段。Christensen 和 Montgomerg（1981）、Lang 和 Stulz（1994）都认为当企业主营业务发展和获利能力受到市场环境限制时，企业就会发展多元化战略。

在内部因素决定理论中，以 Edith Penrose（1959）为代表的资源基础理论认为内部资源过剩是导致寻租企业开展多元化经营的原因之一。Teece（1980，1982）进一步研究指出，当企业无法将过剩的资源进行出售或出售成本较高时，企业倾向于将资源自行利用，进入新的市场而形成多元化经营。Montgery 和 Wernerfelt（1988）指出，合理利用企业内部通用性资产，可以降低成本，能够为企业多元化发展提供有利条件。

李利霞、黎赔肆（2009）指出，当企业出于构建自身独一无二核心知识结构的目的，将自身技术、知识等资源与外部市场环境相互整合时，才能够取得多元化战略的成功。

曾萍、廖明情和汪金爱（2020）以中国民营上市公司为对象，探讨制度环境、核心能力与成长战略选择的关系，得出了以下结论：①区域制度环境的差异导致了民营企业所构建核心能力的不同。区域市场化程度越高，民营企业就越倾向于构建行业专家型核心能力；反过来说，区域市场化程度越低，民营企业则倾向于构建社会资本型核心能力。②企业核心能力之间的差异，决定了企业成长战略选择的不同。具备行业专家型核心能力的企业，更倾向于选择区域多元化战略；而具备社会资本型核心能力的企业，则倾向于选择产品多元化战略。该研究构建了制度环境、核心能力与企业成长战略选择之间关系的整合框架，揭示了制度环境影响企业核心能力构建与成长战略选择的内在机制，为很多中国企业实践中长期坚持"做大"而非"做强"提供了较为合理的解释。同时，该研究发现区域制度环境的差异导致了民营企业核心能力构建的差异，而企业核心能力的差异决定了其成长战略选择的不同，弥补了以往企业多元化研究中对区域多元化关注不够的缺陷。

5. 多元化绩效的争议

20 世纪 70 年代以来，随着理论界对企业战略的深入探讨，学者们从不同学科视角，在理论和实践总结的基础上对多元化战略的价值进行了分析评价。例如，Markham（1973）、Salter（1978）和 Teece（1980）等人认为，多元化发展战略会给企业带来更大的市场势力，使企业能利用规模经济和协同效应，获得低成本的优势、互补性技能，同时降低风险有助于提升企业价值。

在战略管理视角下，Rumelt（1977）深入研究了多元化战略的价值和收益，并对比了单一业务企业与实施多元化战略的企业之间存在的收益率差异。Christensen（1981）、Palepu（1985）的研究表明，相关多元化发展战略企业收益率通常高于非相关多元化发展战略企业。Bettis（1981）和 Hall（1982）则强调风险、报酬的综合评估在解释相关业务多元化战略的重要性。

徐娟（2016）以中国 46 家新能源汽车上市公司作为研究样本，研究发现不同关联程度的技术多元化对核心技术能力的影响有所不同，相关技术多元化与核心技术能力正相关，无关技术多元化与核心技术能力呈倒 U 型关系，且相关技术多元化比无关技术多元化对核心技术能力的正向影响更显著；在不考虑技术多元化关联程度的情况下，技术多元化与新能源汽车企业绩效之间为倒 U 形关系；核心技术能力的高低对技术多元化与企业绩效之间关系产生不同影响，表现为高核心技术能力能够削弱过度技术多元化产生的不利影响。

Varaporn Pangboonyanon 和 Kiattichai Kalasin（2017）从资源基础观和制度视角，对来自东南亚五个国家的 195 家公司进行了面板数据计量经济学研究，认为行业内多元化可以提高中小企业在新兴市场的财务绩效。由于新兴经济体的制度空缺，中小企业可以通过填补企业生态系统中的产品市场空缺，从范围经济和市场回报中获得额外的利益，同时享受较低的投入和劳动力成本，从而降低多样化的协调成本。这反过来又提高了行业内多元化的效益，从而产生更高的财务盈利能力。行业内多元化与绩效之间的关系是一个正线性模式，不同于发达经济体的模式。新兴市场企业更倾向于相关多元化。当制度环境更加发达时，这些影响就会减弱。然而，当新兴市场中的中小企业效率更高时，这种效应会更强。

Grigorij Ljubownikow 和 Siah Hwee Ang（2020）使用竞争强度作为解释机制，研究揭示了竞争、多样化和绩效之间的复杂关系。研究发现，面对高竞争强度的企业表现出较少的相关多元化和更多的非相关多元化，面对高竞争强度的企业在非相关多元化中表现更好，而面对低竞争强度的企业在相关多元化中表现更好。面对较低竞争强度的企业可能会分散到相关行业以利用其优势资源，而面对较高竞争强度的企业则会分散到不相关的行业以缓解其竞争压力，这表明需要在更微观的层面上考虑本地化竞争。

Hueiting Tsai，Shengce Ren 和 Andreas B. Eisingerich（2020）利用台湾经济期刊数据库构建了 2005—2014 年的面板数据集，研究了 366 家在中国大陆投资的台湾制造商，研究发现区域多元化对企业绩效的影响受扩张环境的显著影响。研究结果表明，区域内地理多元化对企业绩效的影响呈 U 型关系；相反地，区域间地理多元化对企业绩效具有负向影响。企业的市场营销、研发（R&D）和管理能力调节着这些关系。研究还认为，当企业在中国选择区域内扩张战略时，应在被投资地区采取适度的省级多元化战略，并加强其营销能力以提高企业绩效。要想在中国市场成功实施区域多元化战略，就必须仔细考虑企业的营销、研发和管理能力。

从产业经济学视角而言，20 世纪 80 年代，迈克尔·波特在著作《竞争战略》一书中提出影响多元化收益的几个因素：选择有吸引力的行业；以本领域为基础进行产业延伸；开展小规模兼并；持续优化管理水平。而 Gort（1962）通过实证研究得出多元化发展并不会增加企业绩效的结论，他认为，各类企业在多元化发展战略程度上存在差异，但是，多元化发展战略与企业价值之间没有显著的相关关系。也就是说，多元化经营的企业与非多元化经营的企业收益率没有显著差异。

从财务金融学视角而言，在企业存在破产成本和税收等摩擦的前提下，出于财务收益的动机，企业也有可能实施不产生协同效应的并购行为（Higgins，1975；Galai，1976）。另外，财务金融理论研究表明，无论在何种情况下，企业各单项业务的现金流量不可能完全相关，企业开展的多元化业务出于分散风险的动机，按照投资组合理论，"不要将鸡蛋放在同一个篮子里"，企业不应该依赖于某一单项业务。因此，企业多元化业务合并，现金流的不确定性减少，总风险也随之降低。从稳定现金流角度来说，企业应该对其业务活动实施多元化战略。

从社会认知学视角而言，影响企业多元化绩效的因素有：①业务发展情况和系统特征；②高管团队的年龄、学历、工作经历以及专业技能；③非多元化时期的绩效；④高管团队管理认知的复杂性和一致性。这些因素的不同会影响管理层对多元化业务的经济利益及协作和相关性成本的选择，进而影响公司层面的绩效。

虽然多元化经营健全了内部资本市场，避免了投资不足的问题，但也可能会导致过度投资。Stulz（1990）认为，内部资金调度为企业提供了较多可使用的资金，决策者可能会选择一些投资回报率较低的投资项目，从而拉低企业整体收益，损害公司的利益。Markides（1992）等认为多元化会造成资本市场上企业折价，影响企业整体估值，一定程度上会降低企业绩效。Belen Villalonga（2004）通过业务信息跟踪系列（BITS）的数据分析发现了多元化溢价；具体而言，不相关多元化存在折价，但相关多元化存在溢价。

陈家淳、杨奇星和梁爽（2017）以中国 2223 家 A 股非金融上市公司 2015年财务数据为样本，对于冗余资源的性质进行区分，采用实证方法研究不同类型的冗余资源与企业多元化战略之间的关系。结果表明：①可利用冗余与企业多元化程度存在显著的倒 U 形关系，在可利用冗余较少的情况下，企业更可能采取专业化战略，行业多元化程度下降，在可利用冗余较多的情况下，企业更倾向于采用多元化战略；②潜在冗余与多元化程度显著负相关，潜在冗余越多，企业则越可能采用专业化战略；③可恢复冗余对多元化程度不存在显著影响。

曹向、秦凯羚和印剑（2020）基于 2014—2018 年中国 A 股上市公司的研究样本，考察市场机会转换与政府政策变化等造成的环境不确定性如何影响多元化战略，以及环境不确定性对多元化战略与企业价值关系的调节作用。研究发现，环境不确定性与企业多元化程度呈倒 U 形关系。研究结果说明，多元化战略是一把"双刃剑"，随着环境不确定性的增加，多元化战略对企业价值的影响是消极的。

综合来看，多元化的收益主要体现在：①多元化经营企业能够创造较大的内部资本市场，企业可以通过企业内部资金的调度在一定程度上解决资金不足的问题，使多元化经营企业比专业化经营企业得到更多的投资和获利的机会；②发展相关多元化的企业，可获取规模效益，如纵向一体化多元化经营则使外部市场供销变成了内部原料供求，将大大降低企业的交易费用；③优化资源配置。实施多元化战略相当于将原来多个单一经营企业的经营活动组合在同一个企业内进行，在这个企业内，管理人员可借助计划和行政手段，提高企业运行和资源配置效率。④降低公司经营风险、增强公司偿债能力。多元化可以使企业有更强的负债能力，可以利用杠杆效应，从而可以获得更多的税收优惠。

在各界学者探讨多元化与绩效之间关系的同时，人们也开始反思多元化的负向影响。Markides（1992）首先提出归核化概念，指出企业应以主业为中心适度开展多元化业务。诸多研究表明，那些以自身核心产业为基础向其他多领域扩展的企业，绩效总能达到最优；与核心业务相关性越低的多元化企业绩效越差；经营五花八门互不相关行业的公司往往很难获得成功。

多元化理论研究走到今天，理论界已基本达成共识：多元化是企业成长的一种途径，依托与企业基础业务和核心能力的相关多元化最能获得优异绩效。然而，多元化的绩效（究竟是折价还是溢价）还是存在一定的争议，主要是企业多元化互补性形成的过程并不清晰，从案例研究的角度解释多元化对企业绩效影响机制的文章较少。因此，本书仍以欣旺达为案例，重点研究企业发展过程中多元化过程及其对绩效的作用机制，尤其是不同业务之间的互补性机制。

2.1.2　企业核心能力研究

1. 核心能力理论

1990 年，Prahalad 和 Hmael 在《哈佛商业评论》中发表文章，提出"企业核心能力"理论，认为核心能力是在产品、技术不断发展完善过程中，企业通过不断学习积累的特定专长，具有独特性、稀缺性、价值性、难以模仿性和不可替代性。这一研究确立了核心能力在战略管理理论与实践上的地位，建立了以核心能力为基础的战略管理基本内容与基本分析方法。埃里克森鲍（1998）认为企业核心能力表现为拥有的组织资本与社会资本两个方面。其中，组织资本体现在企业生产流程、技术创新、人力资源等内部层面，而社会资本则反映了其所掌握的企业外部资源。而我国学者王毅（2002）通过实证研究证明了核心能力对于企业的价值，即核心能力是企业获得和保持竞争优势的源头，是企业持续发展并盈利的关键。同时，他还从战略、组织、技术三个层面对核心能力进行了划分。

Teece 等（1997）综合了企业资源基础理论、企业组织理论和创新理论，提出动态能力方法，在产业结构分析法和资源本位企业观中搭建了桥梁。该方法认为环境是不断变化的，战略管理要整合与重组公司内外的组织技能、资源、职能能力，以适应不断变化的环境。其后十余年，该理论仍然引起世界各地的管理学者和从业人员的关注。大部分学者对动态能力的研究都基于资源基础理论（Barney，1991；Peteraf，1993；Wernerfelt，1984）。资源基础理论的核心问题集中体现为能力与企业绩效，许多以资源基础理论为核心的文章（Dierickx

& Cool，1989；Wernerfelt，1984）都包含动态元素。所谓动态能力是强调两个关键词，"动态"一词是指组织能力、更新能力与环境变化一致。当市场进入的时机是决定性的、技术变动非常快速且未来竞争和市场难以去预测时，则需要特定的创新反应。"能力"一词强调采取、整合和重组内部和外部组织的技巧、资源和功能性能力来配合环境的改变，这也是企业战略管理的关键。

关于核心能力研究还有学者基于技术、知识和组织系统等理论开展研究。

基于技术观的核心能力。Prahalad 和 Hamel（1990）就是这一流派的代表人物，他们相信核心能力是在技术进步过程中形成的。Utterback 和 Meyer（1993）的研究则表明核心能力表现为生产、研发和营销等方面的特长，主要是产品创新和推广的能力。

基于知识观的核心能力。该学派认为核心能力的本质就是知识，并且是不易被外界掌握和模仿的知识。通过知识的学习储备来培养核心能力，因此培养核心能力的关键就是学习。Leonard（1992）的研究指出企业核心能力就是能使企业获得竞争优势，并且是存在模仿壁垒的一组知识体系。此外，知识的武装可以使各项业务处于领先水平。

基于组织和系统观的核心能力。Coomb（1996）的研究指出，核心能力是企业将内部的各种技术能力有效组合以发挥出最大效用的能力。所以，企业核心能力除了技术层面之外，还表现在组织层面。进一步讲，核心能力应是企业所拥有的研发技术、工艺流程、人力资源、营销能力和运行机制等方面专长和能力的有机组合，并不只表现为技术能力或者其他单一的能力。因此，核心能力的提高就在于如何组织各种资源、能力并使其发挥最大效用，如何使所有企业元素系统地协同运转。

2. 核心能力的度量

在具体的学术研究中，到底该以什么样的方式刻画企业核心能力呢？以往的研究多是用研发能力和营销能力作为企业核心能力的替代变量进行研究，因为学者们认为这两种能力能够体现出企业核心能力的本质特征。具体来说，企业核心能力在本质上是企业的特定优势，但并非所有的知识技能都是企业的特定优势，只有那些能够使产品和服务呈现出差异化特征的能力才是企业的特定优势。Rugman 和 Verbeke（2001）的研究指出技术、制造、营销等技能才是使产品差异化的专属性资产。而 Caves（1971）则明确指出要形成差异化优势就要从研发能力（R&D Capability）和营销能力（Marketing Capability）两方面入手，二者正好分别在产品本身和消费者感知两方面发挥作用。具体来说，研发能力属于上游能力，能使公司的产品和服务优于其他竞争者，在进入新的市场时可以最快地受到消费者认可。公司也可以通过研发来降低成本，使企业在发展过程中获得成本优势。而作为下游能力的营销能力则能够使企业产品在残酷的市场竞争中建立差异化的品牌认知。以上两种能力可谓是企业核心能力中非常有代表性的，能够体现出企业之间的本质区别，和企业的战略选择关系密切。

本书借鉴前人对企业能力的划分方法，从核心能力的性质出发，主要考虑研发能力和营销能力等市场能力因素。具体来说，研发能力（R&D Capability）是指企业表现在产品开发、创新、变革，以及应用新工艺、设备方面的能力；营销能力（Marketing Capability）是通过整合企业内部知识、能力以满足市场需求，提高产品价值以获得竞争优势的能力。

3. 资源基础理论

目前学术界有关核心能力的研究，主要建立在资源基础理论之上，认为战略性资源的获取是提高企业价值和竞争优势的来源，所以核心能力就表现在对战略性资源的发掘和获取能力上。

1）资源基础理论的起源

资源基础理论（Resource-based View，RBV）是多元化战略研究领域最具影响力的理论。Chamberlin（1933）等人最早认识到公司特定资源的重要性，认为企业独特的资产和能力是产生不完全竞争并获取超额利润的重要因素。Penrose（1959）在《企业成长理论》一书中，从资源的视角将企业看成一组异质性资源的集合体，指出内部资源的剩余驱动了公司的多元化战略。

Barney 是公认的资源基础理论奠基人，Barney 在 1991 年发表了《企业资源与可持续竞争优势》一文，认为各企业之间存在差异，正是这些差异使得一部分公司保持着竞争优势。因此，资源基础理论强调公司的战略任务是找出并发展这部分关键资源，以寻求竞争中的优势地位。

后继一些学者论证了这一思想。与竞争理论不同，他们认为竞争优势并非由市场和竞争结构决定，而是由内部资源和能力决定，这些资源必须具备不易交换、不易复制和不易替代的特点。企业拥有与众不同的资源、能力以及相应的隔离机制，是企业保持市场竞争优势的动力之源，在很大程度上影响着企业绩效。这些资源和能力包括设备、技术专利、管理策略、组织设计、经营信息等各种有形和无形资产的集合。经过 20 多年的发展，资源基础观已经成为解释与预测企业发展最有影响力的理论之一。但是，也有一些学者提出了质疑，他们认为 Barney 对资源的定义太宽泛，如何获取独特资源仍是黑箱，RBV 的适用边界并没有清晰界定（Priem 和 Butler，2001）。在 RBV 框架推出 20 年之际，Barney 也认为 RBV 的研究已经进入成熟期，其兴盛再生取决于大家创新性的研究，其潜在衰落则可能是由于大家不能够更好地确立该理论的微观基础（Barney 和 Felin，2013），不能够更好地理解 RBV 与其他分析视角和方法的关系，从而不能够进行创新性的利用和发展。

2）资源基础理论对多元化战略的支持

在理论界，资源被当作解释多元化的关键因素（Chatterjee，1991）。企业通过识别现有关键性资源及其剩余能力，判断实施多元化战略的可行性，从而获得长期持久的竞争优势。另外，多元化战略也使企业具备获得更多优质资源的机会。

在相关多元化的研究进程中，资源基础理论被当作一种主要研究工具而广泛应用。由于企业的资源可以创造更高的价值从而产生竞争优势，因此企业战略的关键是做好资源的搭配和利用。另外学者们强调，并不是拥有这些资源就能高枕无忧，而是需要业务单元之间对这些资源进行合理的累积和利用。企业若想获得多元化的超额收益，充分发挥协同效应，就必须有效利用这些资源和能力。20 世纪 80 年代后的理论研究中出现了与多元化相反的战略——归核化战略，一部分研究认为归核化的发展有助于提高企业绩效。归核化的本质就是充分利用核心资源，使核心业务与相关联业务产生协同效应，促进绩效增长。以美国企业为首的各大品牌，如通用、可口可乐、IBM 等集团都加入到归核化的队伍中来。

2.2　协同与互补研究

协同与互补是解释相关多元化战略的两种重要因素和机制。协同和互补的概念均来自物理学等学科的研究，而这两个概念的思想在东西方文化中存在已久。在管理学中协同与互补的概念至今还不够清晰。在协同方面已经做了很多的研究，知道协同的重要性及其存在的广泛性，但是具体的机制解释还是比较模糊，很多人将其归为共享。近年来，互补的概念逐步被重视，但是在具体的情境中概念的内涵、互补形成的机制等还是比较模糊，而协同与互补究竟是什么关系，目前尚未形成共识。

2.2.1　协同的含义

德国物理学家哈肯（Herman Haken，1976）出版了《协同学导论》一书，创立了协同论。协同论研究表明一个与外界物质、信息、能量等交换的系统，其内部各子系统之间通过非线性的相互作用，产生了协同效应。系统从混乱状态变为有序状态，从低级无序走向高级有序。协同效应是指由于协同作用而产生的结果，是指复杂开放系统中大量子系统相互作用而产生的整体效应。

Ansoff（1965）最早将"协同"的概念引入企业多元化战略研究中，并将其定义为"使企业的整体效益大于各独立组成部分总和的效应"，即投资函数的超额回报。例如在生产两种产品（a 和 b）的情况下，则当投资回报率为 ROI（a，b）>ROI（a）+ROI（b）时将产生协同效应。同时，Ansoff 将多元化的协同效应归因于企业内部有形和无形资源的共享与充分利用，有形资产协同主要包括销售、运营及投资的协同，无形资产的协同主要是指管理的协同。

迄今为止，许多学者针对协同这一范畴展开了研究，同时探讨了协同与多元化经营之间的联系。20 世纪 70 年代，J.Pnazar 等引入"范围经济"概念来解释企业多元化战略产生的协同效应。他指出，公司开展多元化经营，在若干个产品业务领域分散运行多个项目，这种多业务联合经营比单独聚焦于某一产品更有把握获得高收益，同时节约费用和降低风险。究其原因，这种协同效应的取得是由于企业存在未被充分利用的剩余资源和核心能力，而当这种剩余资源和能力被其他产品和业务充分利用，将以低成本获取新的收益，就产生了所谓的协同效应。Porter（1985）在《竞争优势》中从价值链角度详细论述了业务协同。他认为，业务协同是一种跨部门的横向战略，是基于降低成本、提升价值链上所有活动差异化的实实在在的机会。多元化经营企业面临的一个关键问题是如何协调各业务单元，利用协同效应，做好横向战略。

研究表明，当同时生产两种产品的费用低于分别生产每种产品所需成本的总和时，就可以产生范围经济。因此，当企业的投入要素由多种产品和业务共享时，就可获得潜在的范围经济，节约成本，产生协同效应。从经济学的角度对协同效应的定义为由于规模经济或范围经济获得的成本节约。有些学者则认为协同效应不仅仅是成本节约,还包括增强盈利能力和创造新的价值等。Martin（2010）将协同定义为两个或多个业务部门在一个企业内创造经济价值的集体活动，他认为跨部门的协同是大型企业价值创造的核心环节，同时，协同效应这种联合效应的本质可能是正向也可能是负向的。"协同管理"理论尚未成型，概念也模糊不清，但协同的思想已经开始得到重视和关注（苏乐天，杜栋，2015）。

本研究认为，协同是指拥有两个以上业务单元的企业在确定长期目标、发展方向和资源配置的战略管理过程中，部门或业务单元各自拥有的知识、资源和能力通过共享和互补形成组织整体的核心竞争力，并通过核心竞争力在业务单元之间的转移和扩散，从而获得各自和整体业绩的提升。

2.2.2　协同的类型

关于企业业务单元之间协同的类型，管理学家 Rumelt（1974）和 Porter（1985）分别在其著作中对业务相关性作出深刻的研究。基于 Rumelt 的研究，将企业协同分为以下几种类型：

（1）产品协同。企业各项业务之间共用同一种产品或同一类资源，例如两种业务都用到相同的原材料、生产设备或相似的制造工艺，那么各业务之间属于产品协同。产品协同的特点是随着产量的增加，单位产品所负担的固定费用下降从而导致收益率的提升，获取规模经济效应。比如原材料采购渠道、采购价格方面的优势，或共享产线使新投资费用减少，都是产品协同的典型作用。

（2）市场协同。市场协同是指企业多项业务在同类市场上运作，服务于同一细分客户群体，或利用相似的分销渠道所产生的协同。理论研究表明，企业可以利用市场协同，通过在相似的市场上共享营销模式、客户资源、品牌效应、产品设计、价格策略以及广告等来获取竞争优势，开发一项业务的市场资源会使其他多项业务受益。

（3）技术协同。实施多元化企业的各个业务单位拥有相同或相似的技术资源（专利、其他知识产权），同一种技术储备能为企业的不同业务创造效益。技术协同的企业可使企业有能力涉足不同的行业，从而充分利用已有的技术资源获得超额绩效。

（4）管理协同。管理协同是指协同给企业管理活动带来效率的提升所产生的效益。如果各个业务公司的管理效率不同，那么当管理效率高的公司与管理效率不高的另一个公司协同之后，低效率公司的管理效率得以提高，这就是所谓的管理协同效应。管理协同效应来源于行业和企业专属管理资源的不可分性。通过协同将许多企业置于同一企业领导之下，企业一般管理费用在更多数量的产品中分摊，单位产品的管理费用可以大大减少。提高企业运营效率，使过剩的管理资源得以充分利用。

Porter（2014）在《竞争优势》中将业务之间的关联分为三类：有形关联、无形关联和竞争对手之间的关联。

（1）有形关联。即由于存在共同的买方、渠道、技术和其他因素，所以有可能出现业务单元之间价值链的共享活动。如果共享活动降低了成本，或者差异化的程度超过了共享成本，有形关联就可以带来竞争优势。有形关联的前提是兄弟业务单元之间共同执行某项价值活动，例如业务单元之间共享销售团队，降低销售成本。

（2）无形关联。是指通过将一般的技巧或者管理业务单元特定类型活动的专有知识转化为其他业务单元活动的管理知识而产生竞争优势。无共享业务的业务单元可能在其他方面具有共同点，如拥有同类型的买方、出售相似类型的产品、使用的生产工艺以及政府之间的关系类似、启用同一种战略等。例如艾默生电气和亨氏在多个业务单元内使用成本领先实现了低成本，将其专有知识转化为诸多业务单元中独立的价值活动。

（3）竞争对手之间的关联。竞争对手可能与企业在一个或多个行业内开展竞争活动。多点竞争者有必要将不同行业连接起来，因为某个行业中某项活动的开展可能会影响到其他活动。多点竞争者多个业务单元互相重叠、各不相同，业务单元之间的关联差异性比企业之间的关联更大，使得企业很难匹配。

Porter 提出，有形关联、无形关联和竞争对手之间的关联三者存在共生关系。有形关联和无形关联为多元化经营提供了基础，协同是以上三个不同理念的融合。

过去学者对多元化的研究很多都以企业协同为基础，通过分析企业的成本和收益来寻找怎样的业务协同才能达到效益最大化。其中，产品协同关注的是企业成本。如果各业务单元间存在产品协同关系，共用同一条生产线、加工过程或材料，那么这些产品成本中会有相似的固定投入，同一笔投资会使两种产品受益，从而达到降低单位产品成本的效果。市场协同主要关注企业的产出。例如企业的各项业务分布在相同的区域市场，利用共同的产品分销渠道，或定位于相近的顾客群体，这意味着一个市场范围内产生多种业务收益。与产品协同类似，市场协同的实质也是共享有形资源。产品协同倾向于投入资源的共享，市场协同关注产出资源的共享。技术协同强调各板块业务对无形资源的共享，技术研发的成本能够分摊到运用此技术的多种产品上，以降低研发成本。另外，技术协同能够促进研发人员相互交流和学习，提高创新能力，加快研发周期。

在早期学者的研究中，协同常常被视为无形关联，他们会将某个业务单元中获得的管理技能和知识转移到其他业务单元。这种关联也许是短暂的，在创造竞争优势过程中虽然潜力巨大，但是也很不确定。

2.2.3　协同产生的路径

在追溯"协同"的本质和作用机理的研究中，国内外大部分学者将协同效应归因于"共享"的概念，少数学者将协同与"互补资产"联系起来，试图解释协同的产生路径。

Martin（2002）研究了协同的动态本质，即通过共享和合并资源形成竞争优势。也就是说，"共享"是协同效应发挥作用的根本，是产生协同的方式之一。而以 Teece（1997）为代表的能力理论认为"互补资产"的存在可以促进核心技术市场化，发挥协同优势，增加企业绩效。下面分别对两种理论的研究进行评述。

1. 共享的含义与类型

在过去的研究中，不同学者从各自研究角度对"共享"进行了定义。社会学角度的学者认为"共享"是一种关系的表征，即将特定目标人群在某一任务上集中联系起来，他们相互协调，共同完成组织目标。1999 年，Joeseph Stiglit 提出，"共享"是指所有成员分担、配合、协作、共同参与，对共有资源进行分享和利用。近些年出现的共享经济也是基于"共享"理论的思想，即人们公平地享有社会资源，各自以不同的方式付出和受益，共同获得经济红利。

在企业资源共享理论研究中，Martin 将"共享"定义为一种资源合并利用的方式，企业在同时发展多个业务情况下，可以利用共享节约成本、提高收益。

企业资源共享分为有形资源的共享和无形资源的共享。在企业有形资源的利用上，共享提高了企业技术装备能力的利用效率，使专业化业务单元的原材料、副产品得到进一步的利用，利用企业多余的销售力量销售类似的产品，从而发挥销售力量熟悉相关产品特点、顾客和分销渠道的优势。在企业无形资源的利用上，共享可以使企业技术实现内部共享，节约研究与开发费用，内部共享企业商标、品牌、企业形象等共同形成的无形资产，降低产品进入市场壁垒的费用等。

企业的多元化过程既是一个充分利用已有知识和竞争力的过程（Silverman，1999），也是一个创新知识和竞争力的过程。企业进行多元化经营的目的，一方面是为了通过资源共享或内部知识转移来提高现有竞争力的利用效率，另一方面也是为了进入不同业务领域来获取新的知识与竞争力。

2. 互补、互补资产的含义

《牛津高阶英语双解词典》中"互补"和"互补性"对应的英文分别是"complement"和 comlementary"，其释义是：当两个人或两件事具有互补性时，是指他们或它们并不相同，但在一起后会形成在质量、物质特性或能力上有用的或有吸引力的组合。在色彩学上，一种颜色与另外一种颜色混合成为黑色或白色，这种颜色就被称为互补色或补色（于洋，张晓韩，2009）。最早明确提出互补概念的是丹麦物理学家尼尔斯·波尔，1927 年波尔提出了"互补原理"用于揭示量子现象的主要特征：波粒二象性。

20 世纪 80 年代初，一些西方学者在互补性问题上开展了大量研究。Edgeworth（1932）提出，如果一种活动的增加（强化）会带来另一种活动收益的增加，那么这两种活动就是互补的。经济学家 Milgrom（1990）等人基于比较经济分析的视角提出，增加外生变量也会导致内生变量的增加就表现为两种变量之间的互补性。

Amit & Zott（2001）认为互补性是将多个产品组合起来能够产生比单个产品价值总和更大的特性。产品互补性的经典案例是剃须刀和刀片模式，即对剃须刀的刀身进行较低定价，而提高作为消费品的刀片的价格（Teece，2010）。互补性也可以从决定企业利润的输入变量来看，如果提高某个输入变量可以增加另一个输入变量的边际收益，就说明存在互补性（Amit & Zott，2001）。Wang & Zajac 将互补性定义为企业间资源的差异、相互依赖、相互支持的程度，认为拥有互补资源的企业可以通过联盟或并购整合资源，创造经济价值。Holcomb & Hitt（2007）用能力互补性表示特定能力能够使中心企业具有的能力发挥出更大的价值创造潜力，当存在互补性时，内部能力的整合能够提高企业的绩效。

互补资产是由 Teece（1986）在 PFI（Profiting From Innovation）模型中提出的，是企业在发展创新和市场化过程中所形成的一系列由企业占有的、与新技术商业化密切相关的专业化制造能力、分销渠道、服务网络和互补性技术等资产。在市场化实践过程中，企业积累的与新技术商业化有关的非技术资源构成了企业创新成功和获利的基础。因此，包括专业制造能力、渠道、品牌等与商业化成功有关的企业资产均可称为互补资产。Teece 认为，互补资产不仅发挥专属性作用，而且可以塑造未来企业战略。

很多学者在 Teece 的研究基础上做了延伸。Glynn（1996）和 Christmann（2000）突破了从技术创新视角定义互补资产的局限，对互补资产的概念进行了扩展，指出互补资产包括了那些与某种战略、创新或技术相关的收益增加所必须的企业资源。另外，Hitt 等（2000）认为互补资产不仅包括有形资产和无形资产，还包括组织能力，进一步将互补资产具体化为财务资产、互补技术、无形资产、战略管理能力、质量管理能力和本地市场知识等。

2006 年，Teece 专门论述了资源基础理论与 PFI 的关系与异同。在 Penrose 研究中提到的资产是可互换的和可支撑多元化的，而在 PFI 理论中，Teece 认为通用化的互补资产更接近于可互换资源，强调互补资产是因为战略需要所主动形成的归集。

也有一些中国的学者从不同的角度对互补进行了研究，如：申广军（2016）对"资本—技能互补"假说进行了文献回顾，并说明了理论、验证及其应用。该假说是指相对于非技能劳动，技能劳动与物质资本的互补性更强。该假说最早由 Griliches（1969）正式提出。周沛（2016）对互补营销资产从定义、理论框架等方面进行了有益的探索，认为互补营销资产是连接核心产品营销和顾客资产之间的桥梁。

3. 互补资产的分类

Teece 根据互补资产的性质，将互补资产分为通用化、专用化和共同专用化三种类型。这也是互补资产最常见的一种分类方式，是基于资产的使用价值来定义的。通用互补资产是指对于该项创新而言不需要改变的具有通用目的的资产，如通用的制造设备；专用互补资产与通用互补资产是相对的，是指在创新和互补资产间存在单边依赖的资产。而共同专用化互补资产是指与某一核心资产形成双向依赖的资产。Teece 认为存在许多控制互补资产的战略路径，归纳起来主要有三种模式：契约模式、整合模式和混合模式。

国外其他学者也开展了互补性资产类别的深入研究。Helfat 和 Lieberman（2002）注意到资源和能力之间的差异，提出从核心与互补性、专用化与通用化两个维度进行识别，认为互补性资源和能力是基于核心技术实现利润所需的资源和能力，其中专用化资源和能力适用特定环境，例如功能性资源、无形资源和市场专业化知识；通用化资源和能力则被应用于更广泛的环境，包括功能性环境、通用化组织能力和参与能力。

Taylor 和 Lowe 根据功能的不同，将互补资产分为专用互补营销资产、专用互补制造资产和专用互补人力资产。熊胜绪等（2011）根据资产的形态，将互补资产又分为互补人力资产、互补物质资产、互补组织资产。而按价值链上的位置来分类，Rothaermel（2001）、Eggers（2012）等则把互补资产分为上游互补资产和下游互补资产。

4. 互补资产对企业绩效的影响

Teece（1992）认为创新型企业之所以没有获得应有的创新收益，是因为企业没有认识到互补资产与企业绩效的关系。企业要想通过创新获得绩效提升，就要在市场化过程中充分获得互补资产。在企业创新商业化的过程中，相关联的互补资产既包括将新技术转化为创新产品的制造互补资产，如工艺创新资产、补充性技术、补充性基础设施、创新生态系统、供应链等；也包括商业化必须的市场互补资产，如分销渠道、客户及供应商关系、售后服务支持等。研究表明，这些互补资产能够显著提升企业绩效。

在产品进入成熟期以后，制造互补资产在学习曲线的不断经验积累下，能有效降低生产成本，提高企业利润。同时，拥有高制造互补资产的企业能保证创新产品的质量和供应速度，较好地满足市场需求，因此有助于产品的成功商业化，获得更大的市场份额，提升企业绩效。

从资源观角度来讲，市场互补资产是决定企业绩效的关键资源。企业拥有充分的市场互补资产能提升企业对市场的敏锐度和反应速度，也是企业在高度动态的竞争环境中，不容易被模仿和超越的原因。另外，品牌资产是企业在以往的商业成功过程中积累的无形资产，难以被模仿，构成了企业的"护城河"，使得企业有议价能力，有助于市场更快地接受创新产品。

在制造业方面，Morgan Swink、AnandNair（2007）研究了设计—制造一体化（DMI）作为互补资产对于先进制造技术获取竞争优势的影响。Tripsas（1997）认为拥有专业互补资产的企业能够缓冲技术不连续性的消极影响。Helfat（1997）研究发现，拥有更多互补资产的公司，承担了更多数量的研发工作。

已经有众多的学者开展了对资源互补带来的协同效应的研究。如 Farjoun

（1998）研究发现，互补资源而非资源共享可增加企业绩效。他分析了 158 个多元化制造业企业，发现知识的相关性和制造资产的关联对企业绩效有正向影响。同样地，Larsson 和 Finkelstein（1999）分析了 61 个并购案例后发现协同收益来源于资源互补，得出资源互补是成功多元化的关键因素。Tanriverdi 和 venkatraman（2005）对 303 个多业务企业的研究表明，互补知识资源可产生显著的市场绩效或财务绩效。特别是他提出了来源于产品知识关联、顾客知识关联和管理知识关联的业务协同并不能单独提升企业绩效，协同收益来源于三类资源的互补。

鉴于平台企业如何利用互补性资产推动双元创新的内在机理仍未得到清晰的理论解释，张镒、刘人怀（2019）用扎根理论的方法对平台型企业进行了研究，发现通用性互补资产正向影响利用式（渐进式）创新，专有性互补资产正向影响探索式创新；通用性与专有性互补资产均正向影响平台影响力和引领力；平台影响力和引领力均正向影响双元创新，平台协调力正向影响利用式创新；平台领导力在互补性资产与双元创新的关系中起中介作用。

王晨（2020）选取了 423 个中国 A 股上市流通业公司在 2012—2019 年的经营数据作为研究样本，对多元化战略、互补资产与流通业上市公司经营绩效三者之间的关系进行了多元回归分析，得出以下结论：首先，流通业上市公司经营绩效随着市场多元化的提升呈现出先增加后降低的趋势。其次，流通业上市公司的经营绩效受到技术多元化积极作用的影响，随着公司技术多元化的提高，公司经营绩效得以提升。再次，互补资产能够有效促进流通业上市公司经营绩效受到技术多元化的积极作用影响。最后，市场和人力专业化互补资产使得技术多元化对于流通业上市公司经营绩效的促进作用得以增强，但是经营专业化互补资产调节作用不显著。

综上所述，互补资产是战略管理领域的一个重要概念，但是概念的内涵还没有很好地达成共识。一些研究探讨了互补资产的分类及调节作用，但是对互补资产的形成过程和内在机理的研究还比较少，还没有很好地回答"做什么"和"如何做"的问题。

2.2.4　协同的成本与收益

1. 协同的成本

实施相关多元化的企业为了实现协同效应，需要对相关产品或业务等共享资源进行有效管理，要求业务单元以某种方式改变自己的行为模式，这就会产生额外的成本。共享某种价值活动的成本分为以下三种：协同成本、妥协成本和僵化成本。

首先，企业为了充分利用共享资源实现协同，各内部业务单位之间必须协调生产计划、产能安排、工作重点及相关人力、物力资源以达到合理生产运作的效果，其中会产生时间、资源等方面的协调成本。其次，在共享一项活动时，多业务需要按某种一致的方式运作，必然存在其中某项业务的运作向整体计划妥协，因此会产生妥协成本。最后，由于协同范围内业务单元互相之间紧密关联而在一定程度上损失了灵活性，难以对外界环境的变化作出快速反应和调整，由此产生了僵化成本。因此，协同成本包括企业在开展业务协同过程中被迫发生的协调成本、妥协成本、僵化成本等多种成本组合。

一些学者对协同成本展开研究，认为协同成本会随着多元化业务的增加而递增，最终可能会抵消掉协同带来的成本节约。Hill（1992）的研究表明，企业要获得相关多元化战略带来的协同效应，就一定会同时增加各业务单元合作的成本。另外，企业若要维持多元化的顺利实施，不得不保留一定量的备用资源，这部分资源的闲置会产生一定的机会成本，业务相关程度越高，备用资源数量就越多。Zhou（2011）在研究了美国制造业数据后发现，企业在开展相关多元化过程中逐步增加的协同成本甚至完全可以抵消协同带来的收益。

相关多元化经营是企业在发展过程中普遍采用的模式，理论研究大多关注企业如何利用业务间的关联关系获取协同收益而忽略相关多元化带来的协同成本。实际上，随着多元化业务数量的增长，协同成本也将会呈倍数增长，协同的程度越深，各业务间合作成本就越高，最终抵消范围经济带来的收益。因此，企业要对非线性增长的协同成本进行有效识别并合理控制，将协同成本纳入多元化战略选择的考虑因素之内。如果多元化企业能合理选择产品或业务，注意控制各业务间关联性，就可以有效避免协同成本的不利影响。

2. 协同对多元化企业绩效的影响

在多元化战略研究初期，安索夫和波特两位战略学家对协同效应进行了研究，但均未对企业业务协同机制作出全面解释。之后的很多学者在此基础上更进一步地探讨了协同效应对企业多元化的价值。相关研究指出，协同效应来自企业中有价值的、稀缺的、不易模仿的资源创造出的效益优势，这种优势主要体现在成本降低和收入增长两方面。

首先，由企业横向一体化所产生的规模经济将降低企业生产经营的成本，带来协同效应。由于某些生产成本的不可分性，人员、设备、一般管理费用等会平摊到较大单位的产出，单位产品成本得以降低，可以提高企业的利润率。其次，由于生产规模的扩大，使得劳动和管理的专业化水平大幅度提高，从而有利于产品的标准化、系列化、通用化的实现，降低成本，增强获利能力。战略管理研究者们指出，企业发展多元化业务的核心之处在于如何让原有业务与新业务之间的合作产生协同效应。失败的协同关系不仅无法发挥协同效应的优势，而且会危害企业整体的生存发展。

在学者对协同的理论探究中，研究协同对企业绩效影响的文章并不多，其中大多学者将协同嵌入多元化研究中。Phillips（1996）等对 20 世纪 80 年代美国企业开展研究，证明了多元化企业存在协同效应，并估算出这种协同对企业绩效的贡献大约为 18%。Brush（1999）对 1986—1999 年间美国企业上千个业务单元的绩效研究表明，多业务企业的确存在协同，而且企业初始规模越大，协同对绩效的影响就越大。一些研究表明，协同还能直接通过降低企业风险来减缓投资回报的波动性，进而提高企业的财务绩效和市场表现。

早期研究表明，在多元化企业中，任何两项业务都有可能在某个维度上利用相同的资源，比如人力资源、IT 资源、技术资源、生产制造资源、一般管理知识等，这些共享的关联资源在业务单位之间会产生协同效应。

近年来的研究表明，相对于有形资源，无形资源的协同对绩效的影响更加显著。由于无形资源具有难以模仿和替代、技术含量高、交易成本高等特点，可获得更多竞争优势，因此无形资源的协同可显著地提高多元化企业绩效。Markides 和 Williamson（1994）通过对资产相关性、渠道相关性和行业经验相关性的研究发现，这三种资源的相关比产品本身相关性能够更好地产生协同，提升企业绩效。Pehrsson（2012）基于制造业的研究表明，技术资源间的相关性对企业绩效有显著的正向影响。其他研究表明由于技术资源无法通过市场机制转移到第三方企业，因而共享技术资源可使企业通过知识转移和技术融合进而增强核心竞争力，促进协同创新效应，同时增强企业的技术吸收能力。

Pouya Seifzadeh、W. Glenn Rowe 和 Kaveh Moghaddam（2020）在子公司治理的研究中发现：控制机制仍然是成功的公司管理的核心，如果子公司之间存在协同效应，那么成功实施适当控制的公司就能更好地从这种协同效应中获益。虽然追求相关多元化的公司更强调战略控制，但这种强调可能会变得更强或更弱，这取决于公司总部的能力。

综上所述，协同与绩效的关系在很多研究中被证实，但协同对绩效的影响机制的实证研究尚不深入。协同的内涵是什么？包括哪些内容？共享和互补的关系是什么？它们是如何影响到企业绩效的？这些问题还有待进一步研究。本书希望从更广义的角度来研究企业整体的互补性与协同是如何形成的，包括不同业务之间的互补性，以及业务与管理系统之间的互补性。本书的互补性是指一种活动收益的增加会带来另一种活动收益的增加。

2.3　组织创新与演化研究

战略的发展离不开组织的创新与变革。钱德勒（1962）认为战略决定组织，后面的研究发现组织也会反过来影响战略，而且是多维的复杂的社会适应系统，且是一个动态的过程。然而，在环境变化与战略选择之间还存在一个重要的环节就是管理认知，不同的管理认知和资源准备决定了不同的战略选择，环境变化并不会直接导致战略选择，也不能解释不同企业战略选择的差异。本节主要从企业创新、组织变革、管理认知几个方面进行文献综述。

2.3.1　创新的含义与类型

1. 创新的含义

奥地利学者熊彼特是第一位将"创新"视为经济增长内生变量的经济学家。熊彼特于1912年在《经济发展理论》一书中首次提出创新的概念。1939年他在《商业周期》中比较全面地阐述了创新理论。他认为创新是在新的体系里引入"新的组合"，是"生产函数的变动"。这种新组合包括以下内容：①引进新产品；②引入新技术；③开辟新的市场；④控制原材料新的供应来源；⑤实现工业的新组织。显然熊彼特的创新概念，其含义是相当广泛的，它是指各种可提高资源配置效率的新活动，这些活动不一定与技术相关。当然，与技术相关的创新是熊彼特"创新"的主要内容。

其后，许多学者从经济学角度出发给技术创新下定义，最具代表性的是弗里曼（C.Freeman，1982）在其著作中将技术创新定义为包括与新产品的销售或新工艺、新设备的第一次商业性应用有关的技术、设计、制造、管理以及商业活动。它包括：①产品创新；②过程创新；③扩散。所谓产品创新，是指技术上有变化的产品的商品化，它可以是全新的产品，也可以是对现有产品的改进。所谓过程创新，也叫工艺创新，是指一个产品的生产技术的重大变革，它包括新工艺、新设备及新的管理和组织方法。所谓扩散，是指创新通过市场或非市场渠道的传播。没有扩散，创新便不可能有经济影响。

2. 创新的类型

Rosanna Garcia 和 Roger Calantone（2002）认为，根据创新性大小，可以把创新分为根本型创新、适度创新和渐进型创新。以此为标准对创新所作的分类比较普遍，但不同的学者持不同的观点。中国学者何传启、张凤（2001）把创新分为渐进性创新、突破性创新和革命性创新。而英国苏塞克斯（Sussex）大学的科学政策研究所则把创新分为渐进性创新、根本性创新、技术系统创新和技术—经济范式的变更。

Henderson 和 Clark（1990）认为创新活动所运用的新知识可能强化现有知识也可能摧毁现有知识，并采用元件知识与建构知识两个变量，依据创新对于现有知识破坏和强化的程度将创新活动分为渐进性创新、建构性创新、模组性创新和根本性创新四类。根据创新所依赖的价值网络（市场）的不同，Bower 和 Christensen（1995）将创新分为延续型创新和破坏型创新。

学术界对企业创新活动构成的研究，是在创新理论创始人熊彼特所提出的创新构成的基础上，不断延伸后得出的结论。一般提及的企业创新活动类型主要包括技术创新、市场创新、管理创新和组织创新四个方面。其中，技术创新包括产品创新和工艺创新；市场创新包括开辟新市场和创造市场"新组合"等；管理创新是指管理思想、管理技术方法和管理制度等的创新；组织创新包括组织体制、职能结构、组织设置、运行机制、跨企业组织联系等的变革与创新。它们之间既相互影响，又共同作用促进一个企业成长为创新型企业。在整个过程中，企业创新活动动态演化，不同阶段创新演化的特点不一样。

2.3.2　创新演化与协同演化

1. 创新演化

创新演化是一个过程，要素对演化过程不同阶段的影响存在差异。企业组织创新演化过程是组织创新不断与内外部环境变化相匹配的过程，环境、组织和个体三层次要素对创新演化过程都具有重要影响。

以往关于创新演化的研究主要运用达尔文主义演化模型来分析创新过程。1982 年纳尔逊和温特合著的《经济变迁的演化理论》一书在经济研究中迅速掀起演化观的研究热潮。纳尔逊和温特借用达尔文的自然选择思想来研究企业问题，提出企业若要在市场竞争中获胜，就需要不断开拓创新，突出企业优势，发挥所长，不断扩大市场份额。他们认为，企业惯例就是创新的基础，通过对企业惯例进行修正、舍弃或者革新，在"搜寻-变异-选择"的过程中便形成了创新。

企业创新的动力来源于市场形势与竞争环境的双重压力。为了满足需要，企业开始"搜寻"，这种行为体现为企业在现有的技术或惯例中寻找解决方案的过程，即是对当前企业惯例进行舍弃、修正或者革新。纳尔逊和温特认为，企业当前惯例的被改造、革新或者舍弃，在此过程中，企业将创造出新的惯例，创新便得以实现。能否为企业创造利润是创新被保留还是被淘汰的衡量标准。

"变异"是在战略、结构、制度或管理流程方面，任何背离惯例或传统的想法和行为。为适应内外部环境变化，企业会通过适应性学习主动产生探索性或开发性变异。探索性变异需要新知识，如战略再定位、组织结构重构、管理流程再造或制度改革等。开发性变异依赖现有知识和经验，是对现有战略、制度、结构或管理流程的修正和完善，可能为企业带来短期收益。企业受到现有惯例惰性的影响，在应对环境变化时，更容易产生开发性变异。但 Campbell（1960）认为变异的关键特征是"盲目"地提高企业的适应能力。能产生探索性变异的企业适应能力更强。

"选择"阶段会区别性或选择性消除一些变异。变异是企业组织创新演化的驱动力，而选择有时会阻碍而不是促进创新演化。在环境自然选择的作用下，通过选择适应性变异，企业创新沿着与环境匹配的路径演化。在适当范围内，给定环境可能忍受不同的创新变异。选择是环境压力和企业内部力量综合作用的结果，两种力量共同决定了企业组织创新是稳定在现有状态、选择异质性变异还是选择同质性变异。最后，企业保留和复制了选择的变异，使其在企业未来活动中不断重复出现，形成重复的、可识别的组织行为模式——新惯例。

2. 协同演化

从工业时代开始，不管是大卫·休谟还是亚当·斯密，所提出的经济管理理论都是建立在人性理性或自利的基础上的。到马尔萨斯特别是达尔文时期，企业与企业之间的关系完全建立在竞争的基础上，企业的目的就是追求利润最大化。从工业社会到后工业社会最主要的特征是人类及企业从生物斗争转变为协同演化。

"协同演化"（Co-evolution）一词于 1964 年由 Ehrlich 和 Raven 在《演化》（*Evolution*）杂志上首次提出，用于阐述昆虫与植物（蝴蝶及其采食植物之间）演化历程中的相互关系：当一个物种演化时，物种间的选择压力发生改变，其他物种将发生与之相适应的演化事件，结果形成物种之间高度适应的现象。生物学上的协同演化概念被不断引入社会科学中。在管理和组织理论方面，协同演化理论被用来研究组织适应性、组织演化、战略联盟以及组织生态。Lewin和 Volberda（1999）提出了四种协同演化的生成机制：自然选择、战略选择、等级更替和全盘更新。Eisenhardt 和 Galunic（2000）认为协同演化是新经济时代企业应采用的非常重要的战略过程，而协同演化过程更容易发生在结成联盟的企业网络内。范建平（2012）在《基于企业生态的管理学研究纲领》一书中系统研究了基于协同演化的企业管理理论。

总体上说，目前大多数的研究只是定性地搭建了协同演化的理论框架，关于对协同演化的动态演化过程的研究成果还比较少。

2.3.3　组织变革与管理认知

1. 组织变革

井润田（2020）在《组织变革管理：融合东西方的观点》一书中指出：组织变革是指组织结构在合理设计并实施之后，随着企业外部和内部环境的变化而对组织结构中不适应的地方进行调整和修正，甚至是对整个组织进行重新架构的过程。关于变革的方法，自 20 世纪 50 年代一直到 80 年代早期，组织变革领域都被社会心理学家 Kurt Lewin 最先提出的计划式变革理论所主导，他提出了计划变革的三阶段模型：解冻（Unfreezing）、变革（Converting）、再冻结（Refreezing）。然而，在过去的 20 年里，演化式变革逐渐替代计划式变革。与计划式变革相比，演化式变革承认变革者理性的局限性及变革过程的涌现性特点，这方面的代表理论包括间歇均衡演化理论、复杂适应系统理论等。组织演化理论是通过对组织内部持续变化的过程进行研究来探索组织是如何演化的，包括组织的成立、解体、成长和变革。组织演化包括变异、选择、保留和指向稀缺资源的斗争四个基本过程（Aldrich，2006）。

Leavitt（1965）将组织变革的内容划分为三个方面：结构变化，即组织权力被重新分类，以提高企业的经营绩效；技术变革，即通过使用先进技术使组织的一些可用资源变为产品或服务；人员变革，通过企业文化改变员工的价值观和工作，或提高员工的工作积极性、知识或技能。组织变革有两种典型模式：渐进式变革和激进式变革。

根据 Nadler 和 Tushman（1980）提出的组织一致性模型，组织变革涉及四个彼此关联的要素——任务、个人、结构、非正式组织，组织转型只有在战略与上述四要素取得一致性时才能发挥作用。在任何组织形态中，关键问题不在于组织构件是什么，而在于分析它们之间的相互作用本质是什么，以及组件之间的动态关系。匹配度或一致性回答的正是这个问题。一致性是指一对组织构件如何匹配的衡量标准。一致性模型的基本假设是：其他条件相等时，不同组织构件之间的一致性越高，组织就越有效。

Porter（1996）将"活动系统"的概念引入战略管理领域，用于解释企业的组织演化和变化过程，且认为它是企业持续竞争优势的实质来源。活动是指构成企业价值链的各个环节，活动之间的相关依赖性是价值创造的过程。Porter 分析了活动系统中存在的不同适配类型，最常见的是活动间的互补性，即一个活动的价值随着其他一项或多项活动的出现而增加；反之亦然。为了建立竞争优势，企业需要找到组织不同战略活动所构成的持续的、相互依赖的高适配类型。高层次的竞争优势来自核心要素的同质性，核心要素的目标朝着共同的发展方向，如西南航空公司、先锋集团（Vanguard）。井润田将本土特色的概念"势"引入变革领域，认为势是一种社会行动的潜能，在特定条件下企业能够通过对自身资源的充分利用和掌控，进而带来持续的有机增长，而组织中的势能就是存储在相互依赖的活动系统之中。

企业的组织结构经历了不同的类型，如 U-form（职能型），M-form（事业部制），H-form（母子公司制）等，这说明对组织结构形式的优先选择不仅依赖于外部环境等变量，而且还依赖于制度和经济发展的阶段即管理的复杂性，而解决组织问题的最佳途径就是对特定的组织结构的选择（Lee，1999）。以上三种组织结构是比较基础的类型，当然，除此之外还有矩阵型结构、平台型结构、网络型结构、混合型结构等多种组织类型。Henry Mintzberg（2007）在其经典著作《卓有成效的组织》一书中提出了简单结构、机械式官僚结构、专业式官僚结构、事业部制结构、变形虫结构等五种基本结构，同时还提出了五种协调机制：相互调节、直接监督、工作流程标准化、工作输出标准化、员工技能标准化。

作为被公认的研究环境—战略—组织之间关系的第一位管理学家，Chandler（1962）在《战略与结构》一书中对美国大型企业战略与结构的演化分析得出结构跟随战略的结论，且认为在企业多元化后应当选择事业部制组织结构。例如，杜邦公司是在 1917 年开始多元化，而事业部制则是 1921 年由于原来的职能型结构已经无法解决多元化带来的诸多问题之后才创建起来的。而通用汽车、新泽西标准石油、西尔斯·罗巴克等公司都经历了类似的遭遇。斯隆参考了杜邦化学的经验，以事业部的形式完成了对原有组织的改造，并成为事业部制的典范。在日本，松下公司在 1927 年也采用了事业部制。所谓事业部制，就是企业按产品、业务或地区把所属生产或经营企业分别组成各个事业部，实行集中决策指导下分散经营的一种组织管理形式。

雷蒙特·E. 迈尔斯和查尔斯·C. 斯诺（2006）在《组织的战略结构和过程》一书中提出了"战略类型学"，在环境决定论者（他们认为战略的设计和实施都是一种因环境不同而不同的艺术，不存在一种一般性的方法能够解释不同的战略）和普遍主义论者（他们认为战略背后都有一个普遍的原理：如市场占有率、产品质量总是好事等）两个相互对立的战略学术论战阵营，他们采取中立的立场，从而极大地推动了问题的解决。他们认为企业界有四种流行的基本战略：防御型企业战略的发展来自稳定、可靠性和高效的经营活动；开创型企业的兴盛来源于不断激发新产品的市场需求，然后抓住由此带来的市场机遇；分析型企业则在产品市场方面采取比防御型企业更有开创性和目的性的进取行动，但在实际行动中却比开创型企业更为谨慎和更有选择性；被动反应型企业在面对环境变化时显得犹豫不决，因此根本不可能兴盛。雷蒙特·E. 迈尔斯和查尔斯·C. 斯诺还提出了"适应性周期"的观点，将商业活动描述为一个永恒的周期，围绕三大课题作出的一系列决策组成了适应周期。三大课题是企业课题（选择和调整产品市场定位领域）、工程课题（生产并交付产品）、行政课题（确定角色、关系以及组织过程）。相应地，如果在企业领域内作出了开创性决策，那么不久后，组织也会在工程领域作出开创性的决策，然后在管理领域作出相似的决策；然后又从企业领域开始另一轮新的周期循环。适应周期阐明了特定战略条件的选择活动如何从本质上决定了技术和能力的结合；而这些选择反过来又影响着组织结构和行政过程如何设计；而且，适应周期还显示了为适应技术需要而选择的结构和过程如何制约了未来的战略决策。

组织的价值创造活动与组织形态的变化息息相关，企业若要持续创造价值，就必须顺应内外部环境的变化持续推进组织变革。陈春花、刘祯（2017）基于组织形态的视角，提出水样组织概念，认为水样组织作为动态组织，像水一样可以灵活应对环境变化，水样组织是组织内部驱动力与外部适应力的统一，呈现出"内在坚韧、外在柔和"的品性，主要具有坚韧性、个体能动性、动态适应性、融合性四个特征。打造水样组织可以帮助企业在动态环境下创造持续竞争优势。当然，水样组织目前还只是一个描述性的概念。

2. 管理认知

伴随着对经济学中理性人的质疑，战略管理学者越来越关注战略决策者的认知（Schwenk，1988）。这种趋势的形成是因为他们在研究环境、战略、结构之间的关联关系中，越来越认识到关键决策者认知的重要性，以及更加意识到认知在战略问题诊断和问题解决中的作用（Schwenk，1988）。Hambrick、Mason（1984）也指出，战略决策制定受认知框架及组织"高层经理"决策过程的影响；而组织结果——战略及其有效性被视为组织中强力人物的价值观和认知基础的反映。

基于企业管理认知的视角研究战略变革，意味着要研究管理者是如何思考战略变革及其选择的，哪些因素影响他们的战略变革思维，他们的信念、价值观、潜在假设及其认知过程与行为是如何影响战略的、这些问题有些是企业管理者日常所思所为，有些则潜在地决定着他们的思与行，而不为自身所知。

管理认知是高管团队在进行战略决策时所用到的一组知识结构，管理认知决定着高管团队的思维方式和行为习惯，进而约束着高管团队的战略决策。自沃尔什（Walsh，1995）的开创性研究之后，对于管理认知问题的研究越来越多地见诸于主流期刊。20多年来，学者们继承认知心理学、卡内基学派的研究范式，发展出意义构建理论和企业行为理论两类不同的理论体系。但是管理认知不等同于个人认知。卡普兰（Kaplan，2011）表示在过去的 20 年里，我们对管理认知只停留在表面，这是造成我们的研究结果无法有效解释和解决实践问题的原因。例如：为什么企业高管团队的认知差异难以融合？为什么管理认知一旦形成就难以改变？为什么更换 CEO，高管团队成员无法推动管理认知的变革？由于学界忽略了对微观过程的探索，因此，限制了我们对管理认知变革、管理认知融合、管理认知凝滞等一系列问题的认知。

认知存在着个体和集体两个层面的概念，即个体认知和集体认知。集体认知是构成集体的成员达成的对特定事物的共同信念，其中又包含团队和组织两个层面。集体认知的形成不仅取决于个体认知，而且取决于集体的冲突、互动、团队文化及其由于情景变化引起的演化等复杂因素。高管团队的管理认知是团队的整体陈述，会随着团队背景、输入过程和结果而变化。高管团队的管理认知根植于团队过程中。团队过程是指团队成员将投入变为产出的相互依赖的行为，他们通过这些认知的、语言的、行为等日常工作来达到集体目标（Marks et al.，2001）。

团队认知往往被称为集体认知或共享认知。"共享"描述的是团队成员具有相似知识的多少，也就是说，团队成员必须具备相似的态度和信念以得到对战略问题的共同解释。"集体"一词被学者用来描述团队成员知识和期望的重叠部分，当高管团队成员的两种或多种观点变异并整合在一起后，集体认知便形成了（West，2007）。

战略决策时不可避免的问题是高层管理团队收集大量不完整的、模棱两可的、甚至相互冲突的信息和资料（Mccall and Kaplan，1985）。高管团队采用主观的解释、或者说认知结构来应付这个短板。主观的解释和认知结构源自先前的经验，并且潜在地影响他们对环境的关注和解释（Nadkarni and Barr，2008；Fiske and Taylor，1991）。企业层面的认知差异是企业层面战略行为差异的主要影响因素。认知结构的差异将导致企业对外部环境管制、技术变化挑战反应的方式和速度的变化。认知结构将对企业战略变革的可能性和速度都产生影响，因为它们主要作用于信息处理的两个方面——注意和解释。个体会选择关注环境中的两类信息，一类是对个体而言比较显著和熟悉的信息，另一类是和目标相关的信息。高管团队在决策时会依赖几个简单的原则和价值标准进行判断和选择，而不会思考全部细节（Bingham et al.，2007）。

邓新明、刘禹、Munkhbayar Khishigdelger（2021）从管理者有限理性的角度引入管理者认知作为中介变量，研究管理者认知在环境动态性和战略变革之间的中介作用机制，并引入组织惯性概念探索其对战略变革的影响。研究发现：①环境动态性会显著影响管理者认知，其中正向影响管理者认知的集中性，负向影响管理者认知的复杂性；②管理者认知会影响战略变革，其中管理者认知复杂性会显著促进战略变革；③管理者认知在环境动态性与组织战略变革之间起到中介作用；④组织惯性会弱化管理者认知复杂性对战略变革的促进作用，但对管理者认知集中性与战略变革之间的调节作用不显著。

战略管理研究有多种视角，但是其中两个视角尤其重要：即产业结构视角和管理认知视角。这两个阵营沿着各自的道路独立发展，产业结构视角关注跨产业战略行动的不同点，不重视认知的作用；反之，管理认知视角关注认知在单一产业中决定战略行动的作用，很少注意它的本质。工业结构和管理认知之间创造了一个人为的界限，这些界限已经严重阻碍了对战略行动的综合和完整解释的发展。本研究希望将这两者联系起来整体考虑，形成更完整的解释。

2.4　现有文献研究的局限性

企业是一个整体，而且是一个与环境相适应的开放系统。自 20 世纪以来，经济学家、管理学家、社会心理学家以及相关领域的学者，已针对企业战略、多元化、协同、互补、创新、组织变革等领域做了很多有益的研究和探索，构建了众多的理论框架和知识体系。以上文献综述从战略管理、协同与互补、创新与组织变革等方面进行了多角度的透视，希望能够对企业多元化的发展有一个全面的理解。然而，由于研究的视角以及所选择的研究问题和理论的片面性，可能很难完整地去解释一个立体的、综合的、变动的企业情况。

随着技术的发展、产业的转移与格局的变化，尤其放在今天中国本土企业的现实来看，已有的理论能否解释和解决实践中的问题，是否适用和有效？其中还有一些问题值得商榷和有待进一步研究。

首先，多元化理论研究到今天，理论界已基本达成共识：多元化是企业成长的一种途径。然而，多元化的绩效（究竟是折价还是溢价）还是存在较多的争议，影响多元化绩效的关键因素和机制究竟是什么？企业多元化过程中互补性形成的过程并不清晰，从案例研究的角度解释多元化对企业绩效影响机制的文章较少。因此，本书将以欣旺达为案例，重点研究企业发展过程中多元化过程及其对绩效的作用机制，尤其是不同业务之间的互补性机制。本书研究的具体问题包括：①相关多元化企业协同演化发展的过程是怎样的？②相关多元化企业互补性机制是如何形成的？本研究将在第 4、5 章进行分析说明，其中第 4 章说明业务拓展的过程以及互补机制，第 5 章说明组织变革及其与战略业务的协同演化，以及多元化企业成功的关键因素和互补性机制形成的过程。

其次，组织与战略之间是相互影响和适应的，这已经被很多研究证实。然而，组织作为一个系统，各种因素在不同的阶段是如何发展、演化和相互影响的？目前还缺乏系统深入的案例研究。本研究将在第 5 章详细分析外部环境与时机、管理认知、业务发展、组织变革、资源能力等各种因素在案例企业成长四个阶段的变化及相互影响，从而说明整个组织协同演化的过程，以及组织系统与战略业务系统如何相互影响的。

再次，协同与互补是解释相关多元化战略的两种重要因素和机制。本书希望从更广义的角度来研究企业整体的互补性与协同是如何形成的，包括不同业务之间的互补性，以及业务与管理系统之间的相互依赖和互补性。本书的互补性是指如果一种活动的增加会带来另一种活动收益的增加。本书将在第 4 章通过案例说明互补的具体内涵、模式及机制，并在第 6 章对概念的内涵及关系作进一步的讨论。

最后，前期关于多元化战略的研究多是采用方差研究方法，从外部人（Outsider）即研究者的角度实证分析企业的相关多元化程度如何影响企业的经营业绩，其中相关业务的互补性通常是作为解释以上业绩影响的机制。然而，由于外部人研究视角的限制，以上研究多是基于二手资料分析，无法真正反映出以上相关多元化带来的互补性效应的产生与演化过程，这也导致前期关于相关多元化对业绩影响的研究结论通常是不同的，甚至是矛盾的。因此，本书将基于过程研究方法，采用内部人（Insider）视角仔细追踪和分析一家案例企业23 年来实施相关多元化战略的所有历程，以及支持以上战略实施的组织变革与创新过程（包括组织结构、流程制度、考评激励等）。

第 3 章

研 究 设 计

为了回答相关多元化企业协同演化发展的过程是怎样的及相关多元化企业互补性机制是如何形成的等预设问题，本书采用嵌套式案例研究的方法来进行过程和机制的探索，以进一步归纳、提炼、构建相关的理论和命题，具体的研究方法、数据收集及分析说明如下。

3.1 研 究 方 法

在科学研究中，要回答"是什么"和"怎么样"的问题，采用案例研究方法是合适的（Eisenhardt，1989）。案例研究的设计逻辑是一种实证性的探究，用以探讨当前现象在实际生活场景下的状况，尤其是当场景和场景界限不清楚、不容易区分的时候尤为有效（Yin 1989）。Denzin、Lincoln（1998）和 Robson（1993）也指出了定性研究能够了解事件发生的实际环境并抓住事件的本质。

通过案例研究构建理论是指运用一个或多个案例，根据案例中的实证数据创建理论概念、命题和中程理论的一种研究策略（Eisenhardt，1989）。单案例其实能比多案例创造出更为复杂的理论，这是因为单案例研究者能够使他们的理论更严格地符合某一案例的细节。反之，多案例研究者仅仅剩下了在大部分或全部案例中重复出现的关系模式（Eisenhardt，2007）。单案例研究的代表如 Weick（1993）对 1949 年美国蒙大拿州曼恩峡谷（Mann Gulch in the State of Montana）森林火灾惨痛教训的研究。单案例研究往往提供了极端的情况下探究一种重要研究现象的机遇。

案例研究可以是单案例也可以是多案例，并且有多个分析层次。此外，案例研究还能运用嵌套研究设计，也就是说，在一个案例研究中可以有多个分析层次（Yin，1984）。例如，Mintzberg 和 Waters（1982）在关于 Steinberg 连锁超市的研究中，就研究了单个公司内的多层次战略变革以及 Mintzberg 和 McHugh（1985）关于加拿大国家电影局的研究。

Nicolaj Siggelkow（2006）曾用"会说话的猪"的故事和神经学领域最著名的一个大脑受伤的名叫"菲尼斯·盖基"的建筑工人案例来为案例样本小和研究缺乏典型性的问题进行辩护。"没有那么多大脑前庭上有着大洞的人可供研究"，有的案例由于其独特性是可遇不可求的。他还指出，在研究中，能够贴近理论构念的能力尤其重要。

无论是定量研究还是定性研究，抑或是单案例研究还是多案例研究，不管是整体式案例还是嵌入式案例，每种方法都有自身的优势和不足，每种方法都有经典的研究案例。研究的成果是否良好取决于研究的目的、研究问题的性质、研究方法的科学性，以及实际所能获得的资源和研究的深度。

本书旨在从内部人视角深入研究企业实现多元化的相关过程和机制，结合实际情况，经过谨慎考虑，主要采用嵌套式单案例研究方法。当然，在讨论过程中也会涉及对其他企业案例的引用。总体而言采取了以案例研究为代表的定性研究方法，这类方法强调实地调研和数据分析中逐步概括、归纳形成命题和结论，而不强调刚开始就提出理论概念或假设，这点与定量研究方法在认识论上有所不同（陈向明，2000）。

如图 3.1 所示，战略变革研究包括方差模型和过程模型两种思路（Mohr，1982）。通常，过程数据并不只是由各个事件的简要描述组成，还包含了各种其他类型的定性和定量信息，这让分析和解释变得更为复杂。因此，过程数据带来了巨大的挑战。海量的文字需要组织和理解，会让人陷入无边的信息海洋中（Pettigrew，1990）。此外，大多数研究人员在过程研究中使用开放式归纳法，虽然为新的发现提供了更大的可能性，但对研究者的归纳逻辑提出了更高要求（Miles 和 Huberman，1994）。

如图 3.2 所示，在中国情境下进行本土管理研究时，Van de Ven 和井润田（2012）建议尽量遵循投入型学术研究的思想。所谓投入型学术研究，是一种共同参与式的研究方式，类似以往所谓的行动研究，它能够获得关键利益相关者对某个特定情境下某些问题的看法，这将从本质上重新定义该企业对研究者与利益相关者的关系。这里所谓的利益相关者，是指资助、参与此研究或对此感兴趣的人。他们也是本土研究不可缺少的部分，往往更了解此研究的本土价值及本土环境。研究者与利益相关者之间深入交流后能够更好地建立共识，以分享和评估对方的知识。由于该企业每个人都是某个特定的历史、文化和制度的产物，因此不可避免地都是从有限的角度来审视某个议题。当所研究的议题超出该企业个人能力限度时，投入型学术研究者可以通过探索这些关键利益相关者观点的差异以得到更深刻的共识，这类研究得出的结论往往更加令人信服。

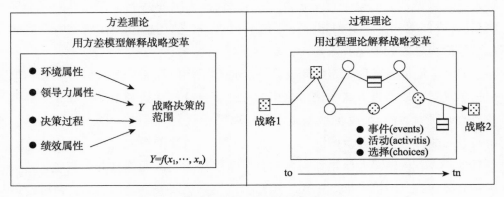

图 3.1　两种解释战略变革的方法

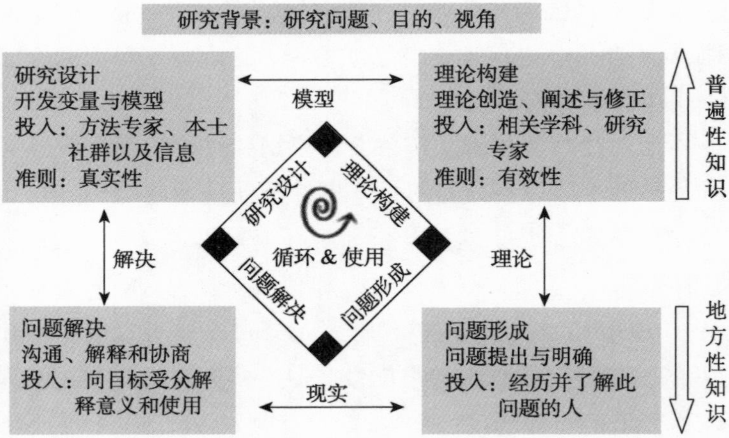

图 3.2　投入型学术研究模型

本研究基于以上投入型学术研究过程展开。具体而言：①请教论文导师、案例研究方面的专家和研究者，制定研究设计方案；②与国内外学者交流，形成真实、有效的理论构建模型；③将一般问题转化为研究问题，与案例企业的高管团队、员工及知情者广泛交流、访谈，形成第一手资料；④寻觅理论和实践结合点，寻找问题解决方案，并向有战略变革阅历的企业家、变革的直接参与者以及同事，介绍、探讨本课题，广泛听取意见及建议，达成共识后形成论文资料；⑤循环交替验证理论模型，形成严密的、经得起推敲的逻辑关系，使理论扎根于实践中，使真实可信的实践有科学的理论支撑。

在认识论立场上，相对于实证主义而言，本研究更倾向于诠释主义（或解释主义、构建主义）立场。在物理世界中，任何事物的运行规律都可以被描述为各种形式的动力因果关系，社会科学领域的实证研究沿袭了以上视角（如休谟的因果关系），然而这越来越多地受到诠释主义学派的质疑。作为定性研究的主流学派，诠释主义源于相对主义的本体论，认为现实的真实性具有地方性特点，因历史、文化、地域、个人经验等情境因素的变化而改变（井润田，2021）。解释主义不承认主体和客体的截然分离，认为主客体的关系是一个互为主体、相互渗透的过程。主体对客体的认识实际上是主体在与客体的互动关系中对客体的重新建构（陈向明，1996）。本研究主要是通过对案例的深入细致分析，定义了互补性的内涵，构建了企业整体协同演化发展模型和企业互补性机制形成的过程模型，并归纳了相关的命题。因此，从这一个角度来看，也可以理解为遵循了构建主义。

综上所述，为了达到研究的目的，本研究从诠释主义立场出发，采用嵌套式单案例研究的方法来进行过程和机制的探索，在研究的过程中，借鉴和采用了战略变革的过程理论模型、投入型学术研究模型。

3.2 研究案例选择

"通常最好准确选择一个特定组织，这种做法能保证获得其他组织所无法提供的某些深刻见解"（Siggelkow，2007）。本书选择了欣旺达电子股份有限公司（SUNWODA），这是一家位于广东省深圳市的大型民营上市企业，专注于锂电池相关的产业发展。

2009 年，欣旺达的年营业收入只有 4.67 亿元，在深圳只是一个很普通的中小型企业。伴随着产业的发展，以及公司专注锂电行业纵向一体化及相关多元化发展战略的明确、核心人才的不断引进、相关管理体系的不断完善，公司业务取得了快速的发展，智能手机电池出货量连续几年全球第一。2019 年，欣旺达的年营业收入达到了 253 亿元，10 年时间增长了 54 倍。2019 年，欣旺达还作为唯一一家制造型企业获得了深圳市市长质量奖金奖的荣誉。

从结果来看，欣旺达已经发展成为深圳市新能源领域的一家领军企业，得到了行业的认可和社会的赞许，成为一些中小型制造型企业学习和模仿的对象。制造业是国民经济的基础，而欣旺达能在 10 年时间从一个普通的小企业成长为行业的龙头和地方的标杆企业，其成长的经验和教训具有一定的典型和示范意义。因此，我们通过欣旺达的案例来研究中国企业相关多元化发展的成功因素、过程和机制。本书将从欣旺达整体、公司的四个发展阶段、公司的六大业务板块，以及战略、协同、互补、组织、资源、能力、激励、创新、组织变革等多方面来进行深入研究、交叉验证，从而得出结论。

同时，选择欣旺达作为研究案例，也是基于笔者对公司长期的观察和理解。笔者自 2010 年 2 月加入欣旺达，至今已经在欣旺达工作超过 11 年，作为主要负责人管理过多个职能部门和业务部门（如事业部或子公司），参与或主导了公司大部分的管理和业务变革。这一方面有利于全面深入地理解和把握公司的情况，另一方面也和投入型研究、行动研究的理念是一致的。

3.3　数　据　收　集

本研究的数据主要通过访谈、资料分析以及笔者多年的深入观察而获得。

（1）访谈。本研究共访谈了 32 人，整理记录 12.12 万字。为了保证相对的独立性和客观性并为后续访谈示范，2019 年 8 月 29 日至 30 日，在导师的指导下，我与另外两位博士生一起进行了为期两天的访谈。访谈对象包括公司创始人、财务总监、首席技术官、动力电芯副总裁等人。在后续的半年时间内，笔者对总部的高管和职能部门人员、不同业务板块事业部总经理、中基层员工进行了多次访谈。共计深度面谈 13 人，记录 11 万字；电话及微信访谈 11 人；会议座谈 12 人，其中电话访谈的 4 人还参与了会议座谈。采访总部及职能部门 11 人，事业部及子公司 25 人。如表 3.1 所示。

表 3.1　访谈人员结构

类　　别		人数	人次	总部	事业部
访谈对象	高层	12（E1-E12）	12	3	9
	中基层	20（M1-M20）	24	8	16
合计	受访人次		36	11	25
	访谈时间（小时）		38	12	26
	访谈记录字数（万）		12.12	5.46	6.66

注：括号内是受访者编码。高管：executives，中基层管理：middle managers。

在访谈中，为了多角度获取意见，笔者注重选取不同业务、不同职能、不同层级、不同背景的访谈对象。同时，为了完整地记录访谈信息，在征求被访者同意之后，大部分访谈都录音并及时整理了记录。为人员信息保密起见，相关人员的姓名还用代码替代。

（2）资料分析。本研究共收集了公司发展史、战略、组织、文化、激励等多方面的资料超过 100 万字。所研读分析的资料是公司关键事件节点的记录，也是企业运作过程中集体智慧的结晶。资料的获取为全面、快速地理解企业发展变革提供了帮助，也为访谈问题的预设提供了背景支持。表 3.2 为部分资料的收集。

表 3.2　资料分析的数据来源

编码	类别	资料名称	时间	字数/页数
DOC01	简介	公司介绍 各业务及子公司介绍	2018 年 8 月	150 页
DOC02	公告	首次公开发行股票招股说明书（2011 年）	2011 年	410 页
DOC03	公告	2011 年-2019 年公司年报	2011-2019 年	1751 页
DOC04	战略	2010 年工作总结及 2011 年经营计划	2011 年 1 月	5282 字
DOC05	战略	2013 年战略规划会会议纪要 2013 年规划报告	2012 年 12 月	6555 字
DOC06	战略	2013 年述职和 2014 年规划会议纪要 2014 年年度战略规划启动方案	2014 年 1 月	60 页
DOC07	战略	（1）锂电池行业研究 （2）内部诊断报告 （3）战略发展规划 （4）2015 规划会议纪要	2015 年	350 页
DOC08	战略	动力电池业务板块发展战略研讨-20160722	2016 年 7 月	21102 字
DOC09	战略	2016 半年度董事会战略报告	2016 年	20 页
DOC10	组织	公司组织架构、功能及人员任命	2010—2018 年	100 页
DOC11	组织	集团管控方案 集团化管控会议纪要	2014 年 11 月	300 页
DOC12	组织	集团管控总结（HR）	2019 年 5 月	4746 字
DOC13	文化	（1）欣旺达企业文化分析诊断报告 （2）欣旺达董事长王明旺管理思想集 （3）欣旺达基本法 （4）欣旺达核心价值观行为指引 （5）欣旺达企业文化高层研讨会引导课件 （6）欣旺达企业文化建设规划 （7）欣旺达企业文化培训教材 （8）欣旺达企业文化案例集	2016 年	213925 字

续表

编码	类别	资料名称	时间	字数/页数
DOC14	文化	欣旺达人报（70 期，每期 8000~10000 字）	2010—2018 年	文字和图片
DOC15	激励	限制性股权激励计划（第一、二、三期） 第一期员工持股计划（2018 年）	2014、2015、2018、2019 年	200 页

（3）观察。嘴巴会说谎，人们会倾向于事后归因；资料是静态的，有时很难动态地捕捉当时的真实情景和意义。然而，眼睛却不会说谎，眼见为实。因此，在资料分析、访谈的基础上的现场观察，为管理的质感培养和判断提供了充足的养分。在近三年的论文构思写作过程中，笔者结合自己的观察和思考，手工记录了近 100 页的备忘录。也正是基于此，逐步形成了论文的构思和框架。

3.4　数　据　分　析

数据的整理、分析和收集是一个相互渗透、交替进行的过程。研究的问题也在分析的过程中不断调整从而准确定位。由于涉及的研究维度和议题比较多，所以我们首先要确定主要的分析维度，按不同因素逐步展开，再看相互关系，最后归纳出过程模型和命题。总体上是一个归纳总结和循环求证的过程。

首先，从研究主题与问题脉络的角度来看。

就研究问题而言，一开始，想着要去探讨企业多元化成功的关键因素以及核心的机制，问题并不是特别清晰和聚焦。刚开始设定的研究问题为：支撑业务转型的技术资源是如何积累和共享的？环境变化中涌现的不确定性或机会如何影响企业相关多元化的演化路径？企业的组织管理体系如何支撑相关多元化战略的演化过程？随着研究的不断深入，研究不断调整和聚焦为相关多元化企业协同演化发展的过程是怎样的？相关多元化企业互补性机制是如何形成的？而之前设定的研究问题在命题部分进行了说明。

在第一轮资料收集分析的基础上，笔者首先根据发展过程的关键事件节点确定了企业发展分为四个阶段：早期探索阶段、纵向一体化发展阶段、相关多元化发展阶段及平台化筹备阶段。然后按四个阶段对战略和业务的发展、管理认知、组织创新、资源能力等进行了详细的分析，并进一步归纳总结得出了协同演化发展的模型。

为了分析企业如何进入新的业务领域、如何进行业务拓展，本研究从资源共享、互补与总体一致等方面分析了企业如何通过资源的共享使用和互补而形成整体的合力从而促进了业务的拓展。本研究还通过对专利技术及其轨迹的分析，深入说明了专利技术的积累、共用、多样化，从而支撑了公司业务的发展。而对技术—客户矩阵的分析，说明了企业如何通过技术创新和客户拓展而实现了业务的拓展。

在组织变革部分，通过对不同阶段的组织结构、流程制度、考评激励机制的分析，说明了组织如何与战略和业务相互适应、演化前进。在业务拓展及组织管理体系演化的基础上，对企业相关多元化的成功因素和关系进行了总结，并在此基础上进一步分析揭示了互补性机制形成的过程，得出了企业互补性机制形成的过程模型以及相关的命题，从而回答了本书提出的研究问题，形成了最终的结论。

其次，从数据类型的角度来看。

访谈。首先根据访谈整理了大量的笔记，然后将访谈的主要内容归纳为不同的类别。同时根据访谈的情况，绘制了大量的图标和模型，如表 4.1 企业互补性的模式及内涵、图 4.4 管理认知与业务发展过程、图 4.7 3C 与电动汽车业务资产共用情况、图 4.16 欣旺达核心技术与业务发展轨迹、图 4.23 技术—客户矩阵等，并将绘制图表与部分相关的受访谈人员确认。同时，此部分也会考虑到所收集的文档资料的综合利用。

资料。首先全面浏览所有收集到的文档资料，形成对企业整体的基本理解，在此基础上设计有针对性的访谈提纲，通过访谈补充或验证相关的信息。当然资料的收集和访谈是交叉进行的，总体上，第一批资料收集比访谈进行得要早一些。在资料收集和访谈的基础上，绘制了图 1.2 欣旺达业务演化路径、图 4.3 六大业务板块的关键节点等图标。通过对专利数据的收集和统计分析，形成了专利技术的积累一节相关图标的分析。通过不同年份公开年报的数据统计分析，形成了变革取得的成果一节的相关图表和说明。

观察。结合访谈和收集资料的分析，在观察和思考的基础上，及时记录相关的想法，形成了近百页的备忘录和图表草稿，如图 4.6 所示的欣旺达业务多元化发展路径、图 4.22 所示的电池类产品相关技术的分类，以及本书的两个核心模型——企业整体协同演化发展模型和企业互补性机制形成模型的构思，都是在访谈和资料的基础上，通过观察和归纳推理而形成的。

在案例分析环节，本研究尽量采用各种数据源和方法进行三角互证。在本研究中，既包括不同数据来源之间的交叉验证，也包括同一类别数据来源信息之间的相互验证。如在分析不同业务之间资产共用情况时，就充分地收集了多个维度的信息，并进行了大量的讨论和确认。三角互证的好处在于从不同的角度进行实验，能够获得更为可靠、有效和有创造性的结果（Jick，1979；Eden and Huxham，1996）。

笔者还参加了 2021 年粤港澳人才战略与创新发展论坛，基于本研究的成果作了《企业互补性机制形成过程》的专题报告，征求了大家的意见，得到多位教授和专家的肯定，同时也进一步论证和完善了研究成果。

从某种意义上讲，任何一个模型的提炼，都很难客观地去归纳其真实的情况。离开了背景的概念就像是离开了水的鱼。理论的逻辑是正确的，并不代表在实际当中的应用是有效的，而好的理论应该是有效的。这取决于理论提炼的视角与方法，也取决于使用者的解读与应用。笔者在试图得出一个结论的过程中进行了小心求证和反复推敲。

3.5 可 复 制 性

在 Eric W. K. Tsang（2020）的《管理哲学研究》一书中，从数据来源和是否采用相同的测量构念与分析数据方法两个维度，将复制分为六种类型，如表3.3 所示。

表 3.3 可复制性的类型

	同样的测量和分析	不同的测量和/或分析
同样的数据集	分析检查	数据的再分析
同样的群体	精确复制	概念的扩展
不同的群体	经验性概括	概括与扩展

本研究的结论是否可以应用到一个不是特别依赖技术的行业，比如服务行业或银行？该问题属于上表中经验性概括或概念与扩展的情况。这个问题还需要更多的跨行业研究来进行验证。作为探讨，我们是否可以这么来设想：无论是银行还是其他的服务行业，其实要做好都需要一定的专业性或特别的技能沉淀，如果说本书所探讨的专业技术只是多种职能里面的某一种专业或技能，那么和服务业最强相关的专业技能是否可以理解为本书的专业技术？在本研究案例企业中，除了与产品相关的专业技术外，也广泛地存在各种服务，比如：检测本身就是一种服务，自动化的集成解决方案也是一种服务，储能等能源解决方案、运维与售后又是一种服务，在这种情况下的服务本书认为是适用的。

从案例企业的发展来看，就是要从产品向解决方案和服务逐步转型。

本书认为其他服务类型的公司也存在类似的问题和机制，这里找到一些事例可供参考：

（1）Larissa Statsenko、Graciela Corral de Zubielqui（2020）通过对为采矿行业提供服务企业的研究证实了具有更多元化服务范围的服务公司也在多个行业市场上多样化。这一发现与之前大型制造企业的 RBV 和动态能力研究一致。在服务企业中，服务多样化促进了行业市场多样化，因为它提供了资源并推动了现有服务的应用，以应用于其他行业部门，这是应对传统市场衰退的一个有用战略。受访者证实，为采矿业客户解决问题使他们具备为其他行业客户提供解决方案的技能和知识。

（2）春秋航空，利用行业之间的关联性，从过去的旅行社和旅游业务拓展到航空业务，后来又进一步拓展到酒店业务，是一个服务业多元化发展的成功案例。春秋航空作为中国首批民营航空公司之一，从春秋国旅发展而来，于2005 年 7 月开航，是中国第一家低价航空公司，总部位于上海。2016 年，公司实现营业收入 84.29 亿元，同比增长 4.2%，归属于母公司净利润为 9.51 亿元（黄聪、刘青林，2017）。

3.6　反身性分析

笔者是本书所研究案例企业的一名管理人员，既是研究的主体，又是研究对象的一部分；既是研究者，也是实践者。这种身份的特殊性有很多优势，但也可能导致一些问题。认识自己及自己对研究可能产生的影响并不容易，但首先要从意识到这个问题开始。事实上，在研究的过程中，笔者一方面在想办法尽可能保持一定的独立性和客观性，但又要尽量深入地去辨别、发现和理解新的事实和关系。

从 2010 年 2 月至今，在欣旺达工作的 11 年间，笔者曾管理过人力资源中心、总裁办、行政中心、企业大学等职能部门，其中一直负责人力资源部门长达 11 年，也曾在不同的阶段接管过自动化、电气、产业园建设、储能等业务部门，最近四年一直在负责储能业务（包括电力储能、工商业储能、家庭储能、网络能源以及综合能源服务等业务）。这让笔者能从专业职能和业务两个角度对公司的整体情况及发展历程有一个相对全面和深入的理解。

笔者不仅参与和见证了公司的一些管理项目，而且也是发起人和推动者。

比如笔者曾借用日本企业家稻盛和夫先生提出的"阿米巴"管理理念推动了公司事业部及激励机制的改革；曾在研究了美国的通用汽车、日本的松下，以及中国的美的、中集、海尔、华为等企业组织架构的基础上提出了公司组织由事业部变为事业群（六大板块）的构想（当时欣旺达还比较小，主要是3C业务，其他业务还在构想和实验阶段）；后来还同外部咨询机构一起提出了组织平台化的构想。当然，这些方案的落地最终是通过管理层的共同讨论、公司最高领导的决策，以及大家的共同努力而得以落实。这里面既有必然性，也存在一定的偶然性。必然性是公司管理的需要，偶然性是如果换作另外一个团队，也许过程和结果就会不一样了。

因此，对欣旺达企业管理的研究，并不是从本研究才开始的，这个过程已经持续了很久。所不同的是，过去的研究目的是要解决企业当下面临的实际问题，而本书的研究应该是站在一个更高的学术层面来探索企业发展的规律，欣旺达只是作为其中一个案例而存在。

然而，本书的研究所取得的一些成果和在这个过程中所形成的一些思维方式也反哺了笔者现正在从事的工作。比如在现在负责的储能及综合能源业务的管理过程中，笔者就借鉴了本书的一些研究成果。在战略和业务方面，基于技术和客户的相关性而进行拓展，遵循了相关多元化发展的一些命题和规律。在组织模式上，笔者正在原有的基础上结合实际情况尝试一种矩阵式和产品线结合的运作模式，同时注重互补性的形成和互补资产的应用。在这个过程中往往会有一种知行合一、二元论的两部分得以融合的感受和快乐，这是否正是行动研究所追求的目标呢？管理的研究是否还要通过实用和有效性来体现其价值呢？

在访谈和资料收集的过程中，笔者得到了很多领导和同事的支持和配合。有时，访谈的过程也是在帮助同事梳理自己的业务思路和管理认知的过程，是一个直接或间接解决问题的过程。

局内人的身份有利于笔者获得更深刻的洞见或发现，但是，这些所谓的洞见或发现仅属于个案还是有规律的？这确实很难由自己来回答，但是它们真的在此时此地存在过，并且被挖掘出来了。

另外，笔者在加入欣旺达前，已经有11年的工作经验，其中4年多是从事管理咨询工作，这期间又近距离地了解过多个行业不同发展阶段的经营和管理，包括TCL、中国银联、大唐电力、云天化、东软飞利浦、舜宇光学等。这有利于笔者能够以相对开阔的视野，从模式的比较鉴别角度来寻找差异和理解问题，而不局限于单一的经验和对案例企业的所见所闻。

在论文写作的过程中，笔者尽量用批判的思想来看待所发生的一切，以尽可能保持客观和开放。首先，笔者尽可能通过访谈来倾听别人的声音，感受别人的立场，甚至在和客户和面试候选人日常交流的过程中，也会询问他们对公司的看法和建议。其次，在整个写作期间，笔者广泛地了解东西方管理思想及其演变以及各种管理理论，浏览了中国管理研究国际学会（IACMR）组织与管理书系的大部分书籍，包括《管理理论构建论文集》《美国管理学会学报》最佳论文集萃、《管理科学季刊》最佳论文集萃、《管理理论构建文集》《案例研究方法：理论与范例——凯瑟琳·艾森哈特论文集》等，还浏览了其他相关的管理、哲学与历史等书籍 200 余本，这使笔者能够站在一定的高度并从历史的角度来看待公司的发展与管理。最后，笔者还持续地关注和研究华为、美的、中集、海尔、通用电气、通用汽车等企业的发展，这对辨别公司所处的发展阶段以及所遇到的问题都有非常重要的参考作用。其实，没有这种模式的比较，仅靠单一的经验是很难快速识别出相关问题的。实际上，欣旺达四个阶段的组织发展和美的就有非常多相似的地方，美的也经历了从职能制、事业部制、事业群（事业板块）到平台化的过程，但目前它们的平台化做得更彻底，力度更大。笔者还发现，华为的发展也可以归结为类似的四个发展阶段，但组织模式不一样，华为相对集权，在其混合式的组织结构中，之前基于流程的矩阵式组织是其主要特征。近些年随着业务的多元化，更体现出事业群的特征。华为和美的是两种典型的成功组织模式，但随着公司的发展，它们都在原有的基础上进一步地融入另一方面的元素。这些虽然在本书中未能完整规范地体现出来，但是，在笔者作案例分析和构建本书的管理理论的过程中，起到了很好的参照和借鉴作用。

在数据收集和分析的过程中，笔者曾与导师井润田教授进行了持续的沟通和讨论，在访谈问题分类整理以及公司资料尤其是关键事件及发展历程分析整理的基础上，最终确定了本书的研究问题和整个论文的框架。同时，在本书的很多图表（如资产共用的情况、技术轨迹）和模型（如协同演化发展模型）确定的过程中，笔者也在公司内部征求了很多知情人士的意见和建议。

在论文写作的过程中，笔者也做了很多反思。比如，如果有机会重新来过，公司的发展和管理是不是可以做得更好？公司自 2011 年上市之后，我们对未来业务的规划是不是很清晰？公司在大的发展方向上把握得还是比较好的，但是在投入的节奏和力度上是不是把握得很到位？公司的每一个板块的业务是否都能做到业界领先？事实上，公司已取得了很多业绩，但是，也还是存在很多问题。尤其面向未来的发展，存在的挑战还是很多的：公司面临着跨行业的挑战、新老业务资源投入平衡的挑战、技术升级的挑战、利益格局调整的挑战，以及管理认知和心智模式调整的挑战。但是，企业的存在就是一个随着公司的问题不断出现和解决的过程。当然这些并不是笔者个人所能决定和掌控的。

笔者尽可能客观地去看待发生的故事，这里面很多数据都属于客观事实，但是在研究的视角、选择性注意和归纳与解释方面，肯定会有一些主观的因素。可能读者会基于笔者所采集到的数据而相信本书所归纳的模型和命题。但是换一个研究者，他可能会从另外的视角采集不一样的数据从而得出不一样的理论模型和研究结论。我想，这也许是定性研究方法与社会科学和自然科学不一样的地方吧，答案都不是唯一的。

第 4 章

企业相关多元化的业务拓展过程

合理的产业布局和业务组合是开辟第二增长曲线、未来企业持续增长的基本方法。尤其是在过去的主业进入成熟期，市场容量饱和、增长放慢或即将进入衰退期，市场容量将下降的情况下，对外部时机的把握，以及新老业务之间的关联，成为相关多元化战略成败的关键因素之一。考虑到复杂的决策、行动和事件不能从背景中分离，为了对案例企业有一个完整的理解，也为后面的进一步分析奠定基础，本章将从欣旺达的总体发展历程、业务间的管理认知、互补性机制、技术的积累与创新演化以及与业务拓展的关系等方面进行详细说明。

4.1 欣旺达相关多元化发展的四个阶段

欣旺达早期主要从事镍氢电池、锂离子电池模组的生产、销售，并凭借出色的 BMS（电池管理系统）技术，获得国内外主流品牌的认可，跻身于国内锂电池模组企业第一梯队。2008 年，公司开始拓展新能源汽车动力电池业务，对新能源产业进行了全面布局：以锂离子电池产业为核心，上游延伸到电芯制造等关键环节，下游拓展至电动汽车、储能电站等产业。2014 年收购东莞锂威，正式进军上游电芯市场，通过电芯自供构建盈利优势。2018 年动力电芯正式投产并陆续斩获雷诺日产、吉利、易捷特等客户的订单。根据不同发展阶段的主要特性差异，以下将把整个公司的发展历程分为四个阶段分别进行说明。本节的数据主要来源于访谈，访谈对象包括公司创始人、首席财务官、首席技术官、事业部总经理等 10 余人。当然在访谈之前先对公司的资料如公司介绍、各业务及子公司介绍、欣旺达人报等进行了基础分析，形成了一些问题的框架，访谈过程中对事件之间的联系与变化进行了澄清。

4.1.1　创业与早期探索

　　王明旺先生作为欣旺达的创始人，在创业之前是一家港资企业的生产技术人员，早期的工作经历帮助他积累了产品和技术方面扎实的知识和技能，也培养了他踏实、专注和追求极致的性格以及对制造业和电池行业的理解。20 世纪90 年代深圳蓬勃兴起了"下海"热潮，王明旺在原服务企业老板的帮助下，于1994 年创办了佳利达电子加工厂，这是国内最早从事手机电池生产加工的企业。尽管当时的电池研发生产技术十分有限，王明旺仍坚持做自己的品牌，并研发了旺达牌电池，成为华东地区著名的品牌。1997 年王明旺正式成立欣旺达电子有限公司，主要进行手机电池模组的研发、生产及销售，面向二级批发和零售市场，建立全国范围的销售网络。

　　连续几年进行品牌经营后，王明旺认识到配件生产始终要与主机厂配套，如无法脱离品牌商的终端产品，将导致自身难以形成强有力的品牌效应。此外，无论对于零售还是批发，国内的二级市场都不够规范，普遍存在着信用度不高、拖欠货款以及对产品品质的理解不够等问题。而此时，行业内开始出现手机备用电源换电池模式的转变，整个市场面临着萎缩的风险，产品利润率大幅下降。多种因素促使王明旺预测到行业前景黯淡，于是筹谋带领欣旺达进行第一次转型。1999 年，欣旺达基于自身对锂电池理解形成的产品创新能力，开始与知名手机厂商合作，给国内外一些品牌企业如康佳、飞利浦、海尔、NEC 等做原始设备制造商(Original Equipment Manufacturer, OEM)、原始设计生产商(Original Design Manufacturer， ODM)。以客户需求为导向进行创新的意识及产品技术方面的积累促成了欣旺达向锂电池行业的 OEM、ODM 专业生产商的成功转型。

　　事实上，在彻底完成转型之前，公司也走过一段弯路。2000 年左右，原本利润率极高、处于行业领先地位的手机电池业务逐渐显露颓势，王明旺开始摸索其他高利润行业。受从事服装行业同乡的影响，当时认为服装可能是一个成本低、利润高并且能作出品牌的行业，于是，他尝试向服装制造业转型，组建了一个团队投资办厂。然而，由于缺乏相关的专业经验及资源配置，这一转型并未成功。当然这也是一个向外摸索的过程，正如当时负责服装厂的一位管理者所言："虽然在那里（制衣厂）赚不到钱给公司，但是也是从中对一个企业和一个行业的考察，在大海中可能你会碰到风险，行进的时候我们是用这个船来航行万里，它是有一个开端的。"

　　此后，公司还陆续尝试了开办酒楼、连锁店以及承包深圳大型商场的专柜销售手机和电池，都因为种种原因未能发展起来或主动选择放弃。王明旺对这段新业务探索与拓展的经历进行反思，认为多次尝试转型失败的主要原因在于对不熟悉的领域不够专业，很难适应从一个做制造、做产品的企业向做终端产品销售的企业转型的挑战。

4.1.2　以手机锂电池为核心的一体化发展

在向其他行业探索的同时，王明旺也一直没有放弃电池制造这一主业，并在不断追求精进。2003 年，欣旺达开始为手机电池封装提供精密制造配套，在手机相关领域比如手机按键和手机屏幕进行业务拓展。2008 年，欣旺达决定进行股份改造，开始着手准备上市。在梳理了公司产业后，王明旺认识到锂电池行业在未来有很大的发展空间和成长市场，于是对公司进行重新定位，停止所有不相关业务，回归到电池制造的主业上来。恢复和终端产品企业、主机厂配套的配件产品生产，此后一直在此基础上扩张发展。在总结这个时期多次成功或失败的业务拓展经验的基础上，公司的长期扩张路线也基本确定，即始终围绕主业进行纵向一体化发展，在电池组装的基础上，逐步开发了公司的模具、精密塑胶、SMT、实验室、自动化、测试设备制造等业务。在谈到公司的业务发展历程时，一位事业部总经理说："公司一开始就是做电池封装，后来做模具、塑胶、电芯等，这些在我来公司之前已有。保护板初期可能是外面的，后来保护板也是自己设计的。"

贸然进入一个完全不相关的领域具有极大风险，公司新业务发展需要与现有业务在客户、资源和技术等方面有所联系。比如对于手机和电池相关业务领域的拓展，主要依托的是共有的客户和市场，前期的电池生产销售已经积累了一定的客户基础，使得推出新产品更容易，有了这部分客户订单的保证，项目成功的可能性也更高。正如一位子公司总经理所言："我觉得欣旺达成功的一个因素就是我们的主营业务一直踏踏实实在做，欣旺达就是那种沿着一个井眼不停往下打的那种做事方式才成功的。"

电池制造行业的竞争相当激烈，当时产业内生产同类产品的企业有几百家，欣旺达能从中脱颖而出，获得众多知名品牌商的信任，建立起长期紧密的合作关系，是因为公司牢牢把握以下核心优势。首先，专注是基本，在锂电池行业内深耕多年为公司积累了深厚的经验和技术。欣旺达从最初生产手机电池模组到后来的电动汽车电池模组，虽然也有对不同领域的短暂尝试和进入，电池生产却始终是公司的主业，后来也主要围绕电池产业做延伸。一位子公司副总谈道："老板这么多年一直在专注电池这一块，他对产品、对工艺、对生产制造这一块也是理解非常透彻，执行力很强。"其次，重视研发和鼓励创新。王明旺认识到创新能力是中国制造业企业普遍面临的一个生存痛点，不掌握核心技术优势就难以在激烈的市场竞争中长久存活下来。早在 2005 年，公司的研发中心就被评定为深圳市企业技术中心，通过多年的发展和提升，在 2018年被评为国家级企业技术中心。除此之外，公司先后在美国、德国和以色列建立了研发机构。公司鼓励全员参与创新，从小处改善和提升产品工艺。最后，秉持"为客户创造价值"的经营理念。公司倡导"顾客导向"理念和营造"为客户创造价值"的企业文化，注重产品的品质、性能和服务。比如某些客户使用产品时出现问题，公司不会推卸责任，而是率先排查自身的原因，通过研究、分析，进行各种实验找出原因所在。由于电池是化学制品，为了保证产品质量，欣旺达对于所有的来料检验均采用了全检。之所以选择这种成本更高的方式，是考虑到国内的上游产业——电芯制造业水平还不够高，为了保证成品的质量和尽可能规避使用风险，公司选择在质量检控环节进行更多投入，并凭借出色的工艺管理水平降低其他环节的成本，从而控制总制造成本。安全性对于电池制造产业而言至关重要，由欣旺达生产的电池从未发生过燃烧爆炸事故，这一点足以成为赢得客户信任的基础。

4.1.3　以锂电为核心的相关多元化发展

2010 年，考虑手机电池行业容量有限，公司开始探索新的业务方向，尝试进入电动汽车电池制造领域。这一拓展从技术上来看具有较高的可行性，因为新领域本质上仍属于锂电池产业，技术具有共通性；在 3C 消费类电池的基础上孵化电动汽车电池，技术积累相对较为容易。当然，公司进入电动汽车领域也面临着一定风险，一方面，由于产业相对较新，缺乏专业的技术人才；另一方面，行业内目前的技术存在较明显的短板，如充电时间长和续航里程短，制约了电动汽车电池的使用和推广，导致市场需求有限。基于以上考虑，尽管公司从 2010 年就开始立项研发和孵化电动汽车电池技术，但直到 2016 年才正式推出产品销售，该业务每年创造的收入在公司总销售收入中的占比也还比较有限。

2011 年 4 月，欣旺达正式在深圳创业板上市，这也是第一家从事"锂电池模组整体研发、制造及销售"的上市企业。上市为公司在资金资本和品牌知名

度上都带来了极大裨益，其扩张范围和成长速度都达到了更高水平，开始进入
快速发展期。

由于下游产业的扩展，锂电池行业总体上呈现出持续增长的态势，这也是
欣旺达坚持专注锂电池主业战略的基础。图 4.1 反映了 2012—2018 年全国锂电
池市场的变化情况。

图 4.1　2012—2018 年全国锂电池市场的变化情况　　单位：GW·h

资料来源：根据行业统计数据整理绘制

如图 4.2 所示，2012—2018 年锂电池产业发生了结构性的变化：3C 消费
类小型电池市场趋于稳定，产量规模增长不明显，总体市场占比逐年下降。相
反地，依托电动汽车和一些智能终端产品的动力电池市场却在快速增长，规模
占比开始超过 3C 类电池，欣旺达于 2010 年未雨绸缪地决定在该市场上投资，
显然具有战略前瞻性。借助外部资本的力量，公司逐步在电池制造的产业链上
下游进行相关多元化拓展，并且适应大环境趋势的变化，走上了向"自动化—
数字化—智能化"的转型升级之路。

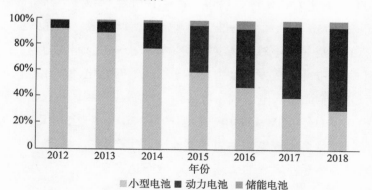

图 4.2　2012—2018 年在锂电池产业内发生的结构变化

资料来源：根据行业统计数据整理绘制

最开始实施的是成立自动化事业部,对生产线进行自动化改造、升级,这一战略最初是为了响应客户需求而提出的。公司生产的 3C 消费类电池所面向的客户基本为"世界 500 强"或者行业龙头企业,对产品品质要求都很高。公司需要不断根据客户的要求进行改善,逐渐提高自身的技术能力,其中,自动化改造主要是应对苹果、华为等客户提出的要求。之前生产一个电池,完成一套完整的组装工艺需要 50~60 个工人,后来客户要求提高自动化水平,于是公司开始采用自动化设备来替代手工作业。但从外部专业公司购买的设备效果并不理想,公司决定筹建一个自己的自动化事业部,经过不断的开发和调试,最终生产出的产品反而比专业公司的品质更好,大大提高了生产效率,订单量也迅速增加。目前公司的自动化事业部不仅为公司的内部生产服务,还对外提供自动化和智能制造解决方案。在此基础上,公司目前的手机电池、动力电池、储能等领域均为全自动化的生产线。

随着智能生活的概念被提出和普及,越来越多的智能终端产品开始进入市场。公司认识到这会是一个新的业务增长点,于是在 2013 年开始向智能硬件行业拓展,增加了在智能终端领域的代工业务,目前已经成为仅次于 3C 消费类电池的第二大利润增长来源。公司生产的一些较为常见的智能硬件包括 VR/AR、无人机、扫地机和电子笔等,只是仍然更多地聚焦于锂电池和整机组装部分,这主要是基于技术积累和制造能力可共用方面的考虑。

考虑拓展未来的发展空间,早在 2010 年公司研发中心就开始进行电动汽车电池模组和电池管理系统(BMS)的研究,一方面积累技术,同时等待产业发展的时机。2014 年,成立了欣旺达电动汽车电池有限公司,从事电动汽车电池模组、BMS 的研发、生产、销售,在原有研发中心技术储备的基础上,电动汽车模组和 BMS 进入了市场推广和规模化生产阶段。考虑到国家对使用国外动力电芯的限制并基于对市场发展节奏的判断,在前期动力电芯研发技术储备的基础上,2017 年,成立了动力电芯子公司,开始电动车用电芯的研发、生产和制造,公司全面进入电动汽车电芯研发和制造领域,并在欣旺达惠州博罗工业园区投入了每年 4GW·h 的电芯制造产能。2019 年,公司又在南京圈了 800 多亩地,计划进行更大规模的动力和储能电芯生产制造。随着产品、技术的逐步成熟,以及一些标杆客户的持续导入,欣旺达在动力电池领域的行业地位正在稳步提升。

2016 年,预见到储能行业未来的发展空间和价值将会很大,公司开始将储能业务作为一项长期的战略投资，开展公司化运作。这项决策的提出，一方面是由于国家近年来对能源行业的政策扶持和引导，多元化能源供应是一个受到持续关注的问题，可以利用这一政策利好进行相关业务的拓展。尽管储能板块目前仍无法达到盈亏平衡，但在未来相当长一段时间内会是公司重点投入的战略方向。另一方面，储能业务与现有业务的技术相关性提高了它的发展潜力，汽车电池回收后可以进行梯次利用，储能为它提供了一个应用场景。当然，这方面还存在一些不确定性，由于锂电池的电芯技术还不够成熟，回收之后不一定能继续使用，相应的判断标准和质量评估手段也较为缺乏。汽车电池和储能业务最可行的互补途径是规模效应，当汽车电池产量达到一定规模之后，单位成本和制造费用才能下降，也相应地才能降低储能成本。

在谈到公司的多元化发展时，动力电池的一位总经理说："这几个业务板块都以我们电池为一个起点、连接点，或者是起步的一个阶段，也不能完全理解成同一个产品，我们六个行业里面它是有相关性的"。这也说明了在经历了早期探索后，公司业务主要是按相关多元化的思路在作布局。而对多元化发展业务的必要性，不仅公司决策层考虑了这个必要性，不同层级的管理者也有自己的理解。如公司 3C 事业部的一位副总经理就认为："我们向锂电池周边的外拓是不太够的，公司太聚焦手机电池的板块，都达到百分之三四十的份额了。当你手机业务好的时候，应该要向周边不停地去寻找新的业务机会点，你不能等到手机业务衰落了，再去寻找发展机会。"

经过 20 多年发展，公司围绕电池相关行业所做的多元化探索和拓展已经初见成效，成长为该行业的领头企业。面对未来，公司的战略转型还将持续进行。目前公司六大业务模块之间的发展程度差异较大，3C 消费类电池在公司销售收入中依然占据绝对主导地位，新业务的拓展还依赖该主业创造的利润和价值。同时，新能源领域的技术发展轨迹和市场成熟度还存在很多不确定性，这也影响着新业务板块的未来发展方向和前景。所有这些都是公司管理层必须面对的转型压力和挑战。

4.1.4　向平台型企业转型

伴随着公司在锂电池行业多年的积累，在前期纵向一体化和相关多元化发展的基础上，公司也在进一步思考未来的发展方向和模式。欣旺达已经有比较好的客户基础、产品的研发和制造能力，且专业、职能管理与服务以及集团化管控的水平也得到了一定的提升。

随着组织能力和资源的不断积累、外部环境变化和劳资、雇佣关系的演变，公司正在努力尝试转型成为一个以产品研发、制造为基础的创业、创新的平台。公司创始人王明旺先生说："我的梦想是未来把欣旺达做成一个基于研发、制造、客户、管理、服务的产品孵化平台，希望打造一个让员工快乐工作和生活的平台。"随着劳动力供给拐点的到来，人均收入水平的不断提高，普通工人的红利时代已经结束。公司应对此变化的方案就是自动化设备、产线，以及智能制造，这样可以减少普工的用量，以解决普工招工难和用工成本上升的问题。然而，在中国，工程师、专业和管理人才还存在巨大的红利可以挖掘。关键问题是如何才能吸引、保留并充分地使用好这些人才，这才是公司未来面临的战略性问题。为了解决这些问题，首先，要规划充分的事业发展空间；其次，要设计有竞争力的激励机制；最后，要构建良好的组织文化氛围。过去，公司已经通过相关多元化和事业部制，为员工提供了广阔的发展空间；也通过年终考核和利润分享、限制性股权激励等方式提供了有一定竞争力的员工激励制度，并初步形成了既有竞争，又有团队协作，既重视业务开拓，也强调管理精细化和风险控制的组织文化氛围。但是这些更多的还是要依托集团整体的规划和监督控制。如何才能让组织自我运行、自我管理、永动发展，这就在发展模式和机制方面提出了进一步的挑战。

对于平台化，一位子公司总经理是这样理解的："下一步我们逐渐地把价值链拉长，变成一个所谓的整个价值链整合，合起来各个点我们都会去做，做整个价值链综合方案的服务商。我们已经把价值链各个点做得很强了，我们还有很多的大客户，把供需量都整合起来以后，我们很可能变成大的平台，孵化一些大的企业，帮助这些企业做一些服务的工作，但是我们感觉到那个平台实际上是一个很大的目标，如果根据一个平台企业去做，我们现在的文化，我们的很多东西都要颠覆掉。"

基于研发、制造以及相关职能服务的平台型组织的建立、更广义的产业生态规划和布局、合伙人制以及员工持股、子公司分拆发展、上市等，这些都将是公司未来发展需要进一步探索的主题。

4.1.5　六大业务发展的关键节点

欣旺达几类业务的发展是相互关联的。2010 年以前，公司主要聚焦于 3C 类电池业务的发展。在这个阶段，为了把手机电池模组做好，除了生产组装外，公司不断积累模具、塑胶、SMT、自动化、实验室检测等方面的认识和基础能力。自 2010 年开始，随着主营业务的增长以及 2011 年的成功上市，在核心能力和行业客户资源和经验积累的基础上，公司逐步迈开了相关多元化的步伐。其中，电动汽车、储能、智能硬件的布局是为了寻找新的增长点，为未来的发展早谋出路。这也是基于认为 3C 类电池市场容量有限的考虑。而自动化、实验室检测服务的发展，一方面是基于对现有业务核心能力的加强，另一方面也是基于业务发展壮大的考虑，因此，在提供内部服务的同时对外提供服务，并在适当的时机成立独立的子公司。

六大业务的发展形成了公司在 2019 年之前的业务格局。当然，随着每一块业务发展的情况，以及公司对业务定位的重新思考，还将不断调整和优化。

根据对公司简介及公司大事记等资料的分析整理，六大产业形成过程中的关键节点简要总结如图 4.3 所示。

由图 4.3 结合以上分析可看出，2003 年之前进行了早期探索，2003—2010 年，欣旺达主要是以 3C 电池为核心的一体化发展，2010 年之后，逐步进行以锂电池为核心的相关多元化发展，到 2017 年开始在相关多元化的基础上考虑平台化的发展。

4.2　管理认知与战略选择

如何解读环境和背景、如何把握时机，取决于管理认知。有什么样的认知，就会有什么样的战略、组织和资源能力的布局，从而决定了企业的行动和发展。

本节从大量访谈记录和公司资料中来提炼在不同阶段的管理认知，以说明认知是如何变化的，以及如何影响到公司的战略转型与组织变革的。

欣旺达创始人意识到手机电池有市场机会而进入这个行业，后来意识到市场具有一定的风险，同时判断利润将会大幅度下滑，从而进行了其他行业的探索。之后发现自己不熟悉的行业没有优势，因此回归到手机电池主航道上来。与电池 PACK 相关的内容如模具、塑胶、SMT、检测、自动化等可以进一步完善提升一体化解决方案，进行一体化的发展。后来，他们认识到手机行业的市场容量有限，进而进入了具有一定相关性的智能硬件、汽车电池、储能等行业，进行相关多元化的发展。然后，认识到可以基于产品的研发、生产来构建平台型的企业发展，从而开启了平台型企业的发展与探索。

根据访谈记录将管理集体认知和业务发展的过程整理，如图 4.4 所示。

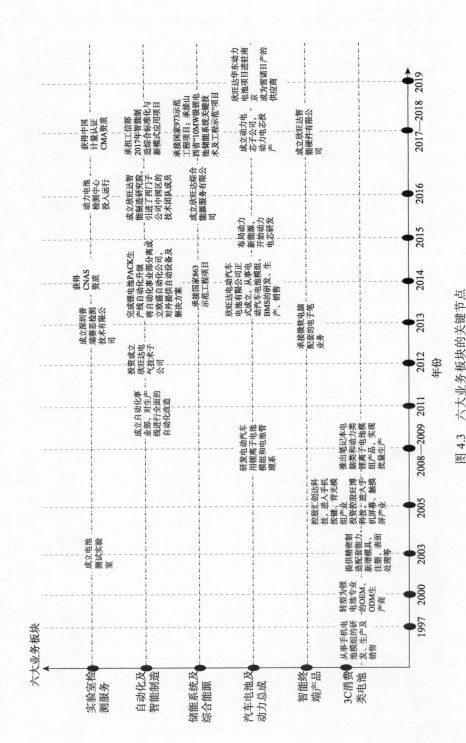

图 4.3 六大业务板块的关键节点

资料来源：根据公司大事记等材料整理自行绘制

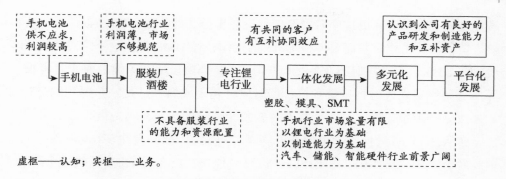

图 4.4　欣旺达管理认知与业务发展过程
资料来源：根据访谈及公司资料整理自行绘制

在公司发展的早期，创始人对公司的发展方向起到了很大的作用，当然这也有偶然性，与其当时刚好接触到的信息和碰到的机会有关系，如当时进入服装行业，就是看到了自己的同乡在从事这样的业务。随着公司发展壮大，大方向和最终的决策还是由创始人来作出，但是，在过程中，员工、管理层的信息也会影响到公司决策。在拓展新业务（如智能硬件、储能等）的过程中，创始人会给出一个大的方向，但是具体怎么去做，细分市场、机会点及客户，还是要靠管理团队去摸索和把路走出来。这个过程中有一个上下联动、持续沟通反馈的过程，有时是市场上存在的一些业务机会在拉动。从决策的推动来看，自上而下和自下而上，或者从中间开始，几种类型都存在。

比如，智能硬件能够做起来，有很多偶然因素，某种程度上也是自下而上推动和自上而下构想的结合。在谈到智能硬件的发展时，公司创始人说："智能硬件是这几年无意中发展起来的一个产业，可以理解为电池的相关产品。因为我们帮客户把电池做好了，客户觉得我们本身的能力不错。我们从产品的研发、设计、工艺等，整个制造一个智能终端产品的能力是不错的，这是我们企业的核心能力。当时刚好有这么一个机会，智能终端出来了。比如小米，我把扫地机的电池做好了，电池是扫地机的一个核心零部件，但是小米的扫地机产品在别的企业里做了很久都做不好，后来我让他拿过来给我们做，结果一两个月的时间就做好了。做好了之后，出货很稳定，产品品质也很稳定。电池是终端产品的核心零部件，我们把电池做好了，同时也把整个产品给做好了。所以，近两三年这块的业务发展还是不错的，智能硬件的市场空间很大。"原智能硬件总经理说："智能硬件部门的诞生过程是这样的：先做出一个 BMS，掩护在 BMS 部门里做，然后再一次孵化，第 1 次裂变出 2，这个时候还没有诞生智能硬件，智能硬件是在 2 分 4 的这个阶段诞生的。在 1 分 2 的阶段，BMS 部门不需要考核智能硬件的工作，只需要考核 BMS 的工作，在 BMS 部门这个阶段我们只需要做好 SMT，所以我们的业务是掩护在 BMS 部门里面，不需要每个月考核，等发展到一定规模时再接受考核，那时候已趋于成熟。这是一个孵化的过程。如果成立一个事业部，第 2 个月就需要接受考核的话，其实是很难活下去的。"

在从 3C 业务转向动力电池业务转型的过程中，面临着很多认知上的挑战。曾经经历了 3C 和动力两类业务的一位总经理说："从 3C 到动力板块是个跨越，在这里跨越的是什么？首先还是思维，就是系统思维和整车思维。这种思维对人的改变是挺大的。系统思维是什么？你在做电池的时候，不仅仅是在做这个电池，而且是在造一辆车。以造车的思维来看，这个部件在车里面发挥什么样的功能？电池、电机和电控怎么衔接？整车策略就是说我在上坡、下坡或是紧急刹车上能够有策略，马上能控制，任何状况下策略能起到作用，不要失控。所以这就需要考虑到整车的应用场景和模式，以这种模式来考虑产品设计，就是从设计端着手进行的。从开发端和测试端就是"V"模型，当你在做方案的时候，你就要想到方案需要对应的测试，这一点就是对思维的冲击。我们还是要尊重这个产业，虽然都是电池，但是动力电池和 3C 电池又是不同的规律了。"

在谈到 PACK 与动力电芯的技术差异时，一位电芯研发的负责人说："电芯与 PACK 更准确地说是不同领域。比如说做 BMS 更多地是硬件和软件，更接近于 IT，可能涉及软件、电子工程、自动化专业，电芯则是一个化工、电化学和机械的综合，它涉及基础的材料、化工、电化学、物理、机械工程专业，也包括自动化，所以电芯需要的专业种类更多，这是第一点。 第二点，要有电动汽车电芯制造的一些理念和项目经验，否则很难理解，这是对门类的要求。高端客户的沟通要求高，不仅要懂专业，还要跨文化交流。比如说我们跟法国交流、跟日本交流、跟国外客户跨文化交流，语言是第一位，第二位是文化，第三位是工程思维，这是对人才不一样的要求。现在我们跟国外的客户沟通，很大障碍就是在文化差异上，他们是从原理、原则出发，然后做实验设计、假设验证，具有很严谨的科学思维，当然会花很多的人力物力；我们很多时候就像老中医一样，根据经验抓把药，如果老中医经验好的话，很快也会到位，但是很多时候是有点经验主义。"

从制造向研发型的高科技企业转型，也面临很大的挑战。负责技术的一位公司高管说道："从 3C 到动力，在技术上，要怎样从一个工匠的文化变成工程师的文化，这是有区别的。我说的工匠更多的是生产，比如说做工艺，在生产过程中每一个环节都要做得很熟练，质量也很好，这是狭义的工匠。我认为工程师文化中最核心的是要学会深度思考、深度学习。公司很多高层是搞生产出身的，搞生产型的企业跟搞科技企业的文化最大区别就在于此。生产型企业更多是执行，有一个标准作业程序，严格按照标准做，过程中最好做持续改进。这本身也没错，但是这帮人往往在科技型企业中思维就局限了，创新性不够。这是从一个工厂转换成科技型企业最大的问题。而且做动力电池必须要转化到科技型企业，否则没法满足整车厂的要求，整车厂肯定是科技型企业。"

公司的重大决策依赖于公司管理认知的形成，集中表现为公司决策层尤其是公司创始人管理认知的形成。创始人是公司的大股东，由于其参与并主导公司的经营，也是核心管理团队的代表。创始人的管理认知一方面来源于自己直接从外围（包括客户、竞争对手、政府、行业机构、朋友等）接触的信息；另一方面来源于公司管理团队的互动（包括公司会议、工作汇报、工作检查等）而形成的集体认知；同时还会来源于一些基层员工的创新和想法，公司有总裁信箱等多种沟通渠道，同时有质量圈等创新机制，还有各种类型的评奖和表彰的机制，这些都有利于将公司内部的信息拉通。

公司在一些重大问题的决策上，一般都会进行调研，多方征求意见并召集会议进行讨论，最终形成结论。当然，针对不同的事情在处理上会采取不同的方式。很多时候，可能表现为创始人直接决策，但是肯定会有很多事前的沟通和认知的积累。从这个意义上，创始人的行动就代表公司的行动，而不仅仅体现为个人的意志；当然由于其身份的特殊性，自身的认知和意志也是公司发展的根本动力，这也是企业家精神的体现。

公司管理认知与业务发展是一个认识、发展、再认识、再发展的不断的探索过程。笔者将以上过程进一步提炼为如图 4.5 所示的模型。

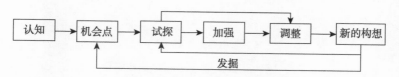

图 4.5　管理认知与实践探索模型
资料来源：根据访谈、观察等自行绘制

结合图 4.5 分析如下：

欣旺达创始人王明旺在手机电池制造企业工作，看到了手机行业的发展，以及市场对手机电池的需求旺盛，供不应求。他本人也希望有机会能够做一些事情，同时，由于原公司老板的支持，王明旺有机会买到电芯，进行电池的生产和销售，从而开启了创业的历程。经过反复的尝试，手机电池生产、销售的业务逐步稳定下来。后来还进行不同的尝试，比如认为服装行业利润高，开了服装厂后发现不好做，之后进行了及时的调整。发现手机二级市场有风险，调整为以整机厂代工业务为主，发现这个方向不错，就进一步加强了手机电池代工业务，为后来的发展积累了深厚的制造能力和行业经验。在此基础上又进一步调整，实施了一体化战略，以提供整体解决方案，打造综合竞争能力。在一体化的基础上，又进一步产生新的想法，进行相关多元化发展，去发掘新的机会，进行新的尝试。经过尝试后对认为正确的如智能硬件业务的发展进行加强，而对一些没有竞争力的业务，如两轮车的电机及控制器业务，及时进行了调整。经过了几轮多元化发展和夯实之后，又在进一步构想新的发展。

综合以上分析可以得出：管理认知提供了方向，实践提供了反馈，认知和实践共同决定了公司的战略选择。

4.3　互补性与业务协同发展

欣旺达在近二十年发展历程中，逐步实现了从 3C 消费类电池业务向电动汽车业务、智能终端业务、储能业务、电芯业务等多元化方向发展。根据公司发展历程及访谈记录的整理，如图 4.6 所示。

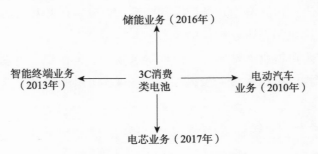

图 4.6　欣旺达业务多元化发展路径
资料来源：根据访谈、公司资料等总结绘制

如图 4.6 所示，欣旺达在成立之初的几年中，主要从事手机等 3C 消费类电池模组的研发、生产及销售，并逐步向专业锂电池 OEM、OED 制造商转型。横向一体化方面，在 2010 年前后，欣旺达开始尝试进入电动汽车业务，主攻电动汽车电池模组和 BMS 的研发。随着自动化技术的发展和新消费领域的兴起，2013 年欣旺达以承接微软电脑配套的电子笔业务为契机，逐步向智能终端业务拓展。纵向一体化方面，欣旺达逐步向上游电芯业务和下游储能系统集成业务领域整合。2016 年，电化学储能行业蒸蒸日上，欣旺达依靠锂电行业深厚的技术积累，布局储能业务，正式开展储能业务的公司化运作，并通过科技示范等项目逐步打开市场。2017 年，欣旺达成立电芯子公司，开始大量投资电动车用电芯的研发、生产和制造业务。

多元化经营企业总是希望利用核心业务与其他业务之间的关联性，对企业现有资源和能力加以充分利用，包括共享和互补，实现企业资源的高效、合理地利用。欣旺达内部业务协同主要体现在市场、技术、组织层面上，具体包括：多元化经营提高了企业技术装备的利用效率，使专业化业务单元的原材料、副产品得到进一步的利用；利用企业相同的销售渠道和营销手段，提升市场业绩；多元化经营可以使企业实现技术内部共享，节约研究与开发费用；内部共享企业商标、品牌、企业形象等共同形成的无形资产，降低产品进入市场壁垒的费用等。

下文中，笔者将通过对欣旺达 3C 业务与电动汽车、智能终端、储能三类业务的关联分析，从共享、互补和整体协同的角度对欣旺达核心业务与新业务之间的互补性进行分析。这部分的资料主要根据对 3C、动力电池、智能硬件、储能等业务领域十多位总经理、副总经理、经理的详细访谈整理而成。

4.3.1　不同业务间的共享

根据 Teece 的互补资产理论，我们将资产分为专用资产和共用资产。专用资产即专用于某一业务经营的、无法与其他业务共享的资产；共用资产即可以同时应用在两种或多种业务领域的资产。以下将对几种业务之间的共用情况进行分析。

1. 3C 电池与电动汽车业务的共享

在传统 3C 业务领域，欣旺达积累和掌握了一系列资产和能力，包括技术资产、营销资产、供应链、组织能力等，这些资产和能力是欣旺达 3C 核心业务成功的关键。在向电动汽车业务拓展的过程中，欣旺达有效利用了这部分共用资产和能力，以达到降低成本提升绩效的目标。根据对 3C 及电动汽车事业部总经理的访谈，将 3C 电池与电动汽车电池资产共用情况进行了整理，如图4.7 所示。

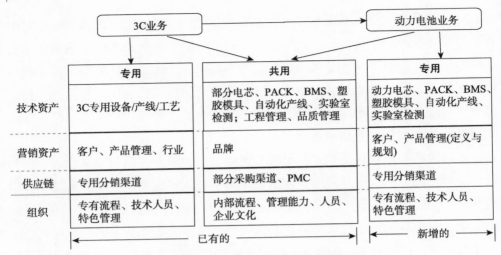

图 4.7   3C 与电动汽车业务资产共用情况
资料来源：根据访谈记录整理自行绘制

由图 4.7 可以看出，3C 电池与电动汽车电池业务在产品技术、供应链、组织管理等维度上有较多的可共用资产。

在技术资产层面，3C 消费类电池与电动汽车电池在生产制造过程中可以部分共用或经验借鉴的资产包括：①电芯生产技术；②PACK 生产技术；③BMS 生产技术；④塑胶技术与产品；⑤模具产线与产品；⑥自动化设备制造技术；⑦实验室检测技术；⑧工程和品质管理能力。

在营销资产层面，欣旺达集团的品牌影响力可以作为 3C 消费类电池与电动汽车业务的共享点。供应链层面，3C 业务与电动汽车业务对部分物料有共同的采购渠道，在 PMC 管理流程等方面可以共用。组织层面两大业务板块在组织、内部流程、管理人员、企业文化等维度上可以产生一定程度上的协同效应。当然，由于行业和业务本质的差异，电动汽车业务在研发管理、工艺工程、市场营销方面具有很多和 3C 业务不一样的地方，需要对标行业，在原有基础上构建有竞争力的管理和技术体系。

2. 3C 电池与智能终端业务的共享

欣旺达 2013 年开始布局智能终端业务，充分发掘和利用了 3C 业务与智能硬件的共用资产和能力，在有效分配、利用剩余资源和能力的基础上，显著提高了资产利用效率，同时控制了成本。根据对 3C 及智能终端事业部总经理的访谈，3C 与智能终端业务资产共用情况整体如图 4.8 所示。

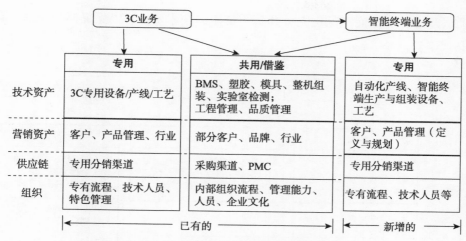

图 4.8　3C 与智能终端业务资产共用情况

资料来源：根据访谈记录整理自行绘制

从图 4.8 可见，从手机电池到智能终端产品的生产制造，所跨越的技术并不是很大，可共用的资产比较多。

在技术资产层面，智能终端产品在生产制造过程中可以借鉴 3C 电池的电芯和 PACK 技术，以及自动化制造工艺等。在 BMS、塑胶、模具、整机组装、检测、工程与品质管理等方面，智能终端与 3C 业务可以完全或部分共用，从而节约投资和生产成本。

在营销资产层面，除了欣旺达品牌的共用之外，智能终端与 3C 有一些共同的客户，例如小米、华为等，这些共同客户有利于智能终端的市场开发和客户关系维护，从而节省广告等销售费用，提升产品利润。

3. 3C 电池与储能业务的共享

欣旺达自 2015 年开始布局储能业务，2016 年成立综合能源子公司，专注于储能业务的研发和生产。由于储能电池是构成储能系统的最重要部分，而欣旺达是锂电池领域的龙头企业，在同源技术的发展演化之下，储能产品借鉴和共享了传统 3C 业务的资产和能力。根据对 3C 事业部总经理以及储能产品线负责人的访谈，将 3C 及与储能业务资产共用情况整理如图 4.9 所示。

从图 4.9 可见，从 3C 电池到储能产品的生产制造，在主要电池组件上存在一些可共用的资产。

在技术资产层面，储能电芯、PACK、BMS 保护板、塑胶、模具等构成储能电池系统的主要零部件与 3C 有部分的共用，在自动化生产线、实验室检测、品质管理方面，储能产品也充分共享了集团的技术资产，以保证储能产品的品质和效率。

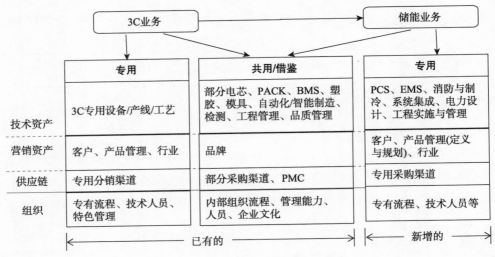

图 4.9   3C 与储能业务资产共用情况
资料来源：根据访谈记录整理自行绘制

在营销资产方面，储能业务可以共用的部分不多，储能作为一个新兴市场，行业竞争格局尚未成型，储能业务借助欣旺达品牌作为支撑，在一些重大项目上以欣旺达集团的名义申请，有助于拓展海内外市场和客户，推动储能业务更快更好的发展。

在供应链和组织层面，如采购管理、组织流程及企业文化等方面沿袭欣旺达集团的理念和管理模式，并朝着更加灵活和多样化发展。

综合上面的分析，我们可以将共享进一步细分为三种情况：

A、共用：如生产技术、设备的共同使用。可能是有偿的，也可能是无偿的。

B、复制：管理经验、流程制度、技术标准的复制、交流和借鉴。

C、借用：如资金或物品的借用，使用后要归还的。

4.3.2   广泛存在的互补性

互补性是指一项活动的增加可以使另一项活动受益。互补资产是在组织发展、创新和市场化过程中积累的专业化制造能力、分销渠道、服务网络的技术和非技术资源等，这些构成了企业创新成功和获利的基础。欣旺达多年以来随着 3C 业务的发展壮大，积累了很多互补资产和能力，为其他新业务的发展提供了基础和条件。

根据对 10 位总部职能部门及事业部总经理/副总经理的访谈，本研究发现，互补大致分为以下几种情况。

（1）同一产品的不同组成部分之间的互补。如 3C 类的电芯、PACK、SMT、塑胶、模具、实验室检测。如储能系统的电芯、PACK、电池管理系统（BMS）、变流器（PCS）、能量管理系统（EMS）。他们是一个大系统的不同组成部门，增加了服务能力和竞争实力，增强了对下游的话语权。同时，为客户大批量供货、多个环节的生产制造，有利于提高公司的产品利润。

（2）同一产品在价值链上的不同职能领域。如研发能力与资产、制造能力与资产、营销能力与资产，对应的组织能力与资产。如欣旺达的 3C 产品具备：良好的产品设计能力，优秀的工程能力具备较好的大客户服务、营销能力。但是在前期，行业跨度较大，公司没有很好的营销资产和能力，这是一个漫长的积累过程。只有这些能力都强了，才能够很好地将产品推向市场化，并获得商业的成功。

（3）不同产品/业务之间。如公司 3C 类业务如果做得更好，将有利于公司整体更加强大，为其他新业务的发展提供更多现金流的支持，也可以分享更多的管理和技术经验，同时，公司实力和品牌的强大有利于其他业务的开拓，使其他业务直接或间接地受益。

（4）总部的管理服务部门和事业部/子公司等业务部门之间。如总部人力资源部门和财务部门如果比较强大，也会带动事业部或子公司能力的提升，而事业部、子公司的发展及管理需求又会推动管理服务部门的能力提升。

（5）团队成员的互补。欣旺达有良好的团队氛围，公司基因的形成与创始人及高管团队之间的协作分不开。创始人王明旺和其弟弟王威兄弟俩分工合作，王威负责外部事务，王明旺负责全面管理并侧重于内部管理。他们的配合与协作，为大家树立了一个良好的榜样，公司高管团队及整体内部的组织氛围较好，这在很大程度上也形成了团队合作的文化，增强了内部的协作与互补。

（6）与外部相关企业的互补。如储能系统内部包括电池系统、变流器（PCS）等，欣旺达主要是做电池系统以及整体集成的，变流器主要是使用其他企业的，所以公司就和变流器相关的生产企业结成联盟，一起去开拓市场，满足客户需求。储能系统和光伏发电、风力发电等企业也存在产品的互补性，因此，欣旺达可以和这两类企业结成联盟，建立光伏加储能电站，以及风能加储能电站。

4.3.3　与公司整体的一致

共享和互补更多是从部分之间的关系来界定的，但是在企业中，每个公司都有一个核心定位和导向，比如西南航空公司，所有的活动都要围绕着低成本运营来展开。欣旺达也一样，以锂电池产业为核心、以产品的研发和制造为依托，来进行相关多元化的发展。主要包括以下几个方面：

（1）内部与外部环境的一致。欣旺达根据智能手机发展的机会、电动汽车行业的机会，以及储能行业的潜在机会积极地调整公司的战略、组织及相关的资源配置，以实现内部资源、能力与外部环境和机会的协同一致。随着人工成本的上升，以及客户对品质要求的提高，欣旺达在自动化和智能制造方面加大投入，从而提升了公司的制造能力。

（2）各部分与公司的整体规划协调一致。欣旺达系统地梳理了的使命、愿景、核心价值观，并通过企业文化的实施来确保各项活动与公司的整体保持一致；比如公司实施高质量战略，在公司战略规划的基础上，将所有的工作通过年度目标分解的方式层层落实，并通过全员绩效评估、述职等活动来进行强化和反馈，从而推动公司的各项重点工作协调一致。对此，一位总部职能部门的高级经理说："公司近几年持续在企业文化、发展战略、集团管控与组织管理方面进行了管理项目的推行，明确了公司的使命、愿景、核心价值观，明确了公司目标和主要的业务发展方向，也明确了未来的组织发展模式，这有利于各个事业部、子公司与公司总体保持一致。当然，在各个部门之间的协同，以及如何支持和发展新业务以推动公司创新、转型方面，还面临很多挑战和困难。"

（3）基于技术路线的协同。欣旺达以锂离子电池为核心，通过技术的积累和多样化扩散及迁移，为相关产业的发展奠定了基础。同时，在每一个业务类别，比如动力电芯的研发和制造领域，公司每年会组织技术规划和产品规划，明确技术路线和产品路标，从而有目的地组织和动员相关的资源。英特尔公司是技术路线规划并基于此进行协同的成功典范。

4.3.4　互补性的模式及内涵

如上所述，广义而言，企业互补性包括共享、互补、与公司总体一致几个方面，总结如表 4.1 所示。

表 4.1　企业互补性的模式及内涵

模式	共享	互补	与总体一致
内涵	✧ 具有相同或相似属性的事物可以被共同使用	✧ 不同的业务/活动相互促进，一项业务活动的增加可以使另一项活动受益。	✧ 部分与公司总体保持一致性，共同构成一个更大的系统，实现一个更大的目标
关系	✧ 部分之间的关系	✧ 部分之间的关系	✧ 总体与部分的关系
内容	✧ 共用（如设备） ✧ 复制（如经验、制度） ✧ 借用（如资金）	✧ 同一产品的不同组成部分之间 ✧ 不同的职能领域之间 ✧ 不同产品或业务之间 ✧ 管理服务部门和事业部、子公司之间 ✧ 团队成员之间 ✧ 与外部关联企业之间	✧ 外部：与环境匹配一致 ✧ 内部： ✧ 与公司使命、愿景、目标、价值观的一致 • 基于技术路线的协同 • 各要素之间相互一致
用途与价值	✧ 运营决策 ✧ 降低成本 ✧ 缩短时间 ✧ 提高效率	✧ 战略决策 ✧ 收入增长 ✧ 价值创造	✧ 战略决策 ✧ 整体的导向 ✧ 长期价值提升

资料来源：根据访谈记录整理自行绘制

4.3.5　实现互补性的几种方式

根据访谈及观察发现，实现互补性的几种方式体现如下：

第一是内部交易。市场交易转化为内部交易所产生的交易成本的节约。如 3C 的塑胶和模具，在没有这个部门之前，只能从外部购买，公司内部建立这个部门业务后，就可以转为内部交易，在部门之间进行内部交易和结算即可。

第二是行政命令。在行政命令基础上由集团统一调配资源而获得资源最优化利用。如办公、生产场地的分配、资金的调配和使用、关键管理人员的配置。

第三是制度和规则。通过制度、流程、标准、惯例形成组织规则，让员工去遵从执行。

第四是组织公民行为。员工自觉、自愿、利他发生的组织公民行为，这种行为有助于提高组织的良性运转和有效性，如不同部门员工之间的知识经验交流以及工作上的一些协助。

根据访谈及观察发现，实现互补性的具体方法与步骤如下。

（1）结合上述分析，识别互补性的机会，明确主题。

（2）规划互补性机制实现的方式、方法和措施，明确目标和计划。

（3）从战略、组织、流程、人员等角度考虑并保证一致性。

（4）评估实施措施的成本、收益和风险。

（5）组织并实施计划。

（6）评估与调整。

有形的互补性往往容易被人们重视，无形的互补性容易被忽视。然而，无形的互补性往往难以复制，更能体现企业的核心竞争力。有偿的互补性容易形成机制，无偿的互补性往往容易流于形式。然而，无偿的互补性常常能挖掘出意想不到的价值。

4.4　企业的技术积累与创新演化路径

企业实施相关多元化战略，离不开核心能力的构建，尤其是研发和技术能力。积累或路径依赖是创新活动的一个基本属性，而多样性则是另一个因素。基于美国专利的分析记录和案例研究，Patel 和 Pavitt（1997）、Granstrand et al.（1997）指出企业的技术能力与企业生产活动相比，分散在更广泛的领域，而且企业整体上随着时间推移，技术将变得更加多元化。他们指出，高增长公司通常遵循一种顺序战略，即技术多样化，然后是产品和/或市场多样化。虽然日本公司在协调一致的技术和业务多样化进入新产品领域方面通常具有最先进的管理能力，但他们没有说明这些公司是如何实际利用并将其技术知识联系起来的。此外，他们也没有提到任何关于技术轨迹的生成和更新过程。

Granstrand（1998）提出了一个基于技术的企业理论框架和技术多元化的观念。他分别从规模经济、范围经济、速度经济和空间经济的角度论证了技术多样化在技术公司发展过程中所起的中心作用。他指出，对这类企业来说，技术管理的质量是一个关键因素。

之前的研究结果表明，创新活动的持久性和多样化是密切相关的，它们构成了创新的主要因素。然而，现有的研究大多没有对技术多样化的实质进行足够深入的研究，只有少数学者在数量上显示了技术发展轨迹之间的相关性。为什么坚持很重要？技术多样化可以通过何种机制促进业务扩展？本章将通过欣旺达专利和技术的分析，阐明新技术轨迹的生成过程及其相互作用。本章的专利数据来源于公司的专利记录整理，技术的发展轨迹主要来源于对各个业务板块管理层的访谈记录。

公司业务领域的销售构成数据被用作其创新过程产出的代理，销售数据取自欣旺达上市公司年报。然而，由于一些新业务未达到一定的规模，在上市报表中被归入了其他的类别，以及企业偶尔会自行调整其业务领域的定义，还没有发布更详细的数据，因此销售数据不可避免地包含一定程度的估计。

4.4.1 专利技术的积累

专利技术的积累，说明了一个公司在研发技术方面的持续投入。专利技术的积累和突破，是公司产品创新的基础。

如表 4.2 所示，截至 2019 年 9 月底，欣旺达申请的专利总量达 573 件，其中发明专利为 315 件、外观设计专利为 53 件、实用新型专利为 205 件。

表 4.2 欣旺达累计申请专利数量

专利类型		专利数量（件）
发明	发明公开	270
	发明授权	45
外观设计		53
实用新型		205
总计		573

资料来源：根据公司专利记录统计自行绘制

截至 2019 年 9 月底，公司每个业务板块申请的专利数及占比如表 4.3 所示。

表 4.3 欣旺达各类业务专利数及分布比例

业务类型	专利数（件）	占比
3C 消费类电池	265	46%
汽车电池及动力总成	174	30%
自动化与智能制造	53	9%
储能电池系统解决方案	45	8%
实验室检测服务	25	4%
智能终端	11	2%
合计	573	100%

资料来源：根据公司专利记录统计自行绘制

欣旺达专利的主要技术领域、所申请专利的专利技术代码，以及数量如

表 4.4 所示。其中专利技术领域使用国际专利分类（International Patent Classification，IPC）进行了标识和编码。

表 4.4　欣旺达各技术领域专利技术 IPC 代码

技术领域	IPC 代码	数量（件）
电池组	H01M	264
供电或配电的电路装置或系统；电能存储系统	H02J	82
测量电变量；测量磁变量	G01R	65
紧急保护电路装置	H02H	24
塑料的成型或连接；塑性状态材料的成型	B29C	19
印刷电路；电设备的外壳或结构零部件；电气元件组件的制造	H05K	18
电数字数据处理	G06F	14
化学	B82Y，C01B，C23C	14

资料来源：根据公司专利记录统计自行绘制

欣旺达自 2011 年以来逐步形成了以锂离子电池为核心的六大产业群，每一个业务形成了一套自有的核心技术体系，而每一个核心技术都与各自的业务领域紧密相关又可辐射、迁移至其他相关业务。

4.4.2　专利技术对业务的支持

1. 整体业务发展与专利支持情况

欣旺达各业务发展与专利技术积累的趋势情况如图 4.10 和图 4.11 所示。2011—2018 年间，欣旺达业务整体收入稳步增长，其中 3C 消费电池业务一直占主导地位，但随着业务多元化进程的加速，3C 业务占比逐步下降。2016 年之后新业务增速明显提高，智能终端、动力电池、储能和自动化业务发展加快。

图 4.10　欣旺达业务发展与多样性

资料来源：根据公司专利记录统计自行绘制

欣旺达核心技术立足于电池模组，自 2016 年以来，欣旺达核心专利技术从传统的 3C 消费类锂电池模组发展到动力类锂电池模组，与电池组相关的专利数量急剧增长。与此同时，电子电路、材料、电芯、通信、检测等相关专利一并涌现，说明公司核心知识技术在积累，专利技术呈多样性发展，专利布局已现雏形。

图 4.11　欣旺达技术积累与多样性
资料来源：根据公司专利记录统计自行绘制

从图中可以看出，自动化与智能制造类专利继 3C 类产品之后于 2010 年开始逐渐增加。汽车电池和动力总成专利在经过相当长的研发周期后于 2013 年开始形成并公布，2017 年以后实现两位数增长，2019 年新增专利达到 96 件。各板块营业收入和专利数量在 2016 年之前增长相对缓慢，3C 消费类电池业务占据主导地位。在经历 2015 年、2016 年短暂的下降期后，各类专利在接下来的 3 年中呈现爆发式增长的态势。营业收入前三位分别是 3C 消费类电池、智能终端和动力电池，相对应的新增专利最多的电动汽车、3C 消费类电池和储能。智能硬件业务是在 3C 电池业务的基础上发展起来的，相关性较高。储能业务因为领域较新，从专利技术的积累到业务量增长有一个过程。储能、自动化与智能制造、实验室检测服务由于在培育期业务量占总业务的比例还比较小，因此在公开的营收报表中合并统计。

由图中反映的欣旺达历年来营业收入与专利数量的变化趋势可以看出，2010—2018 年期间，以营业收入为代表的公司业务水平逐年增长，在 2016 年以后呈现加速增长趋势，年增长率超过 40%；同样的发展趋势也体现在专利数量上，总体呈上升趋势，2010—2014 年间专利增长与营收增长曲线高度吻合；2015 年、2016 年公开专利数量略有下降，而自 2016 年之后专利大幅增加，仅 2018 年一年就达到 159 件之多，这也与近两年欣旺达业务高速增长相匹配。

从整体上看，随着专利数量的迅速增长，专利布局逐渐形成。欣旺达集团处于快速成长期，整体发展速度较快，尤其在 2016 年以后，欣旺达业务不断扩大，在传统 3C 消费类电池主营业务稳步发展的同时，公司及下属子公司业务领域还涵盖了智能终端产品、汽车电池及动力总成、储能电池系统解决方案、自动化及智能制造、智能终端产品，产业链及布局得到逐渐完善。

通过对比欣旺达销售额与营业收入增长的趋势可以看出，专利数量越多，公司营业收入越多，专利的逐年增长支撑了公司业绩的增长，二者具有正相关关系。

2. 各类业务发展与专利支持情况

1）3C 消费类电池业务与专利情况

3C 消费类电池业务与专利的增长趋势如图 4.12 所示。

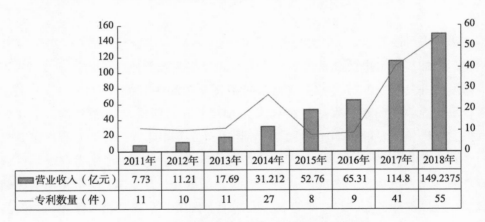

	2011年	2012年	2013年	2014年	2015年	2016年	2017年	2018年
■营业收入（亿元）	7.73	11.21	17.69	31.212	52.76	65.31	114.8	149.2375
—专利数量（件）	11	10	11	27	8	9	41	55

图 4.12   3C 消费类电池业务与专利增长趋势

资料来源：根据公司专利记录及业务增长数据整理自行绘制

手机数码类锂离子电池模组是欣旺达基础业务，一直以来持续增长，2018 年实现收入 149.24 亿元，同比增长 30%，复合增长率达到 52.64%。

对比欣旺达 3C 消费电池业务收入增长与专利数量增长趋势可以看出，2014 年、2017 年和 2018 年这三年的业绩高增长与专利数量大幅增长趋势相匹配，板块整体收入与专利数量趋势呈现出同步增长的态势。可见 3C 消费类电池业务的技术研发为业绩持续快速增长提供了重要支撑。

2）智能终端业务及其专利情况

智能终端业务与专利的增长趋势如图 4.13 所示。

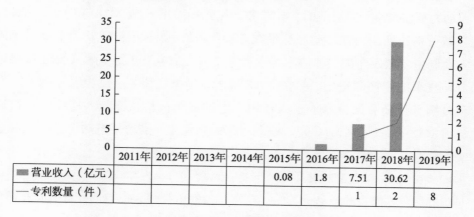

	2011年	2012年	2013年	2014年	2015年	2016年	2017年	2018年	2019年
■ 营业收入（亿元）					0.08	1.8	7.51	30.62	
— 专利数量（件）							1	2	8

图 4.13　智能终端业务营业收入与专利数量趋势

资料来源：根据公司专利记录及业务增长数据整理自行绘制

欣旺达 2015 年涉足智能硬件行业后，智能硬件市场处于高速增长期，至 2018 年智能硬件业务实现收入 30.62 亿元，同比增长了 307.72%。

从智能硬件板块业绩与技术专利增长情况看，智能终端业务基于公司相关技术储备而兴起，2016 年初具规模，并在此期间开始投入研发力度，在技术逐步完善的前提下，2017 年、2018 两年间智能终端业务获得迅猛增长，在三年跨领域的研发积累后，到 2019 年该板块专利也开始大量出现，2019 年智能终端业务呈现同步大幅度增长，说明智能终端类业务爆发是基于技术的积累而实现的。

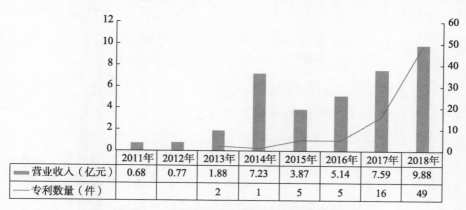

	2011年	2012年	2013年	2014年	2015年	2016年	2017年	2018年
— 营业收入（亿元）	0.68	0.77	1.88	7.23	3.87	5.14	7.59	9.88
— 专利数量（件）			2	1	5	5	16	49

图 4.14　动力电池营业收入与专利数量趋势

资料来源：根据公司专利记录及业务增长数据整理自行绘制

3）动力电池业务与专利情况

电动汽车电池业务及专利的增长趋势如图 4.14 所示。

动力板块营业收入由 2011 年的 0.68 亿元一路增长至 2018 年的 9.88 亿元，复合增长率达到 46.57%。欣旺达早在 2010 年前后就开始涉足动力电池系统的研发及制造。从发布的技术专利数量上看，从 2013 年开始技术成果逐步应用到电动汽车的生产制造中，并在 2016 年之后呈指数增长，成为欣旺达第二大专利来源，伴随着新技术的投入使用，电动汽车板块营业收入连续三年快速增长，增长率高达 40%，可见大量的研发技术投入推动了电动汽车电池的业绩增长。

4）储能、自动化和检测业务与专利趋势

在公司合并报表的产品分类中，精密结构件单独归为一类，另将电源管理系统、锂离子电芯、智能制造、储能系统等业务归到其他业务类别。下面我们将这两类业务合并，对比其营业收入与专利数量增长的趋势，具体如图 4.15 所示。

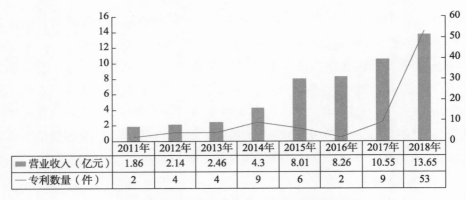

	2011年	2012年	2013年	2014年	2015年	2016年	2017年	2018年
营业收入（亿元）	1.86	2.14	2.46	4.3	8.01	8.26	10.55	13.65
专利数量（件）	2	4	4	9	6	2	9	53

图 4.15　其他业务营业收入与专利数量趋势

资料来源：根据公司专利记录及业务增长数据整理自行绘制

从其他业务板块营业收入和专利数量增长情况来看，2011—2013 年期间，两项指标缓慢增长，到 2014 年新增专利数量翻倍增长，当年营业收入增长率也大幅增加，达到 75%。紧接着 2015—2016 年两年间专利申请数量连续下滑，而 2016 年的营业收入因此陷入增长停滞阶段；从 2017 年之后的三年里，该领域专利研发再次大力投入，其中 2018 年一年就有 53 件公开专利，这也推动着营业收入连续三年稳步快速增长。由此可见，专利增长与业务增长趋势存在高度一致性，业绩增加很大程度上依赖于技术研发的投入。

综合以上分析可以看出，欣旺达技术的积累与多样性的发展和业务的多样化发展是正相关的，技术的多样化，有力地支撑了公司业务的相关多元化发展。

4.4.3　专利技术发展轨迹与共现分析

1. 技术发展轨迹分析

图 4.16 显示了欣旺达几种技术轨迹之间的相互作用。笔者通过调查公司的公共文献和访谈中高层管理人员，整理并绘制了这个图表。框内箭头表示技术领域，领域之间的细箭头表示从具体事件或项目识别出的特定技术应用或技术溢出。

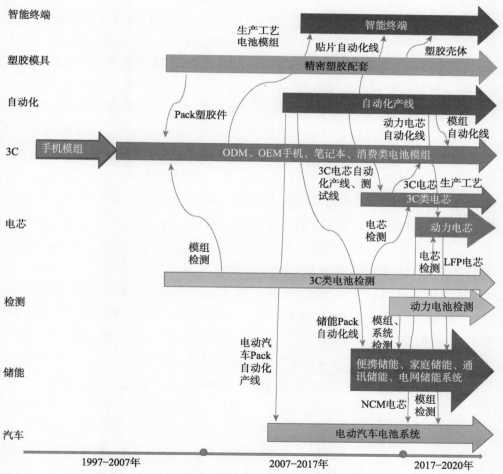

图 4.16　欣旺达核心技术与业务发展轨迹

资料来源：根据访谈及公司大事记等资料整理自行绘制

欣旺达自成立以来，以 3C 消费类电池技术为核心，经过多年创新发展和技术演化，逐渐形成了八大细分业务领域（含产品和服务）。相对于前面的六大业务而言，其中塑胶模具起源于 3C 业务，而电芯分为 3C 电芯和动力电芯，分别属于 3C 业务板块和动力板块。如图所示，横轴代表时间，从 1997 年成立至 2020 年的时间里，欣旺达技术发展变迁分为三个阶段：1997—2007 年为公司早期技术储备阶段，2007—2017 年创新迁移形成技术多样化发展阶段，2017—2020 年为技术领域爆发式增长和技术市场化阶段，分别对应欣旺达的起步、成长和成熟各个发展时期；纵轴显示欣旺达八大业务细分领域，每种业务领域的发展轨迹以向右的箭头表示，箭头长短代表业务发展持续时间长短，各技术领域之间细箭头表示技术之间的迁移和演化轨迹。

如图 4.16 所示，欣旺达在成立之初首先在 3C 电池领域开展技术创新，在 2007 年之前专注于手机锂电池电芯和模组的研发，后来逐步过渡到 ODM、OEM 手机、笔记本、消费类电池模组的技术研发，从技术轨迹发展来看，3C 模组技术逐步向精密塑胶配套技术和 3C 电池检测技术方向迁移，传统 3C 电池技术的溢出效应直接促进了 PACK 塑胶件和充放电测试、模组检测等技术的进步。

从 2008 年开始，欣旺达以传统技术为依托，尝试进入动力电池技术领域。动力电池技术领域本质上仍属于锂电池产业，因技术具有共通性，所以在 3C 消费类电池的基础上孵化电动汽车电池，有一定的技术积累。从技术轨迹关系可看出，与此同时发展的自动化技术不仅为 3C 类模组自动化生产提供技术支撑，还为电动汽车 PACK 自动化生产、动力电芯、3C 电芯自动化生产和测试奠定了技术基础。另外，在精密塑胶壳体和 SMT 产线的支持下，智能终端产品在 2012 年之后获得迅速发展。

从图 4.16 还可以看到，2015 年前后技术轨迹开始向储能和 3C 电芯领域迁移。包括电网储能、家庭储能和数据中心等应用领域的储能电池技术创新逐渐增加。之前的自动化和检测技术为储能 PACK 自动化产线、储能模组系统检测、3C 电芯提供了技术支持，实现了技术轨迹的共享和迁移。

近几年，欣旺达在自主研发动力电芯方面发力。图中显示，动力锂电池的电芯检测是从 3C 检测技术发展而来。同时，公司电芯技术的发展为 3C 和动力行业提供性能优异的 3C 电芯、动力电芯，检测技术支持 3C、汽车总成和储能业务的快速发展，自动化技术不断突破为各业务提供高效、可靠的生产制造能力，而传统 3C 业务领域的生产工艺技术的积累也为其他业务提供了借鉴的机会。

综上所述，欣旺达八大业务细分领域技术轨迹之间相互迁移、相互借鉴，体现了技术层面的高度关联性和协同效应。技术的积累、多样化、迁移，有力地支撑了公司业务的多元化发展。凭借交叉技术支持和不断的创新，欣旺达业绩也获得稳步提升。

2）IPC 共现分析

在技术发展轨迹分析的基础上，本节还将采用定量的"IPC 共现"分析来阐明欣旺达技术轨迹之间的关系。

共现分析是指根据项目是否共同出现来分析的一种方法，是将各种信息载体中的共现信息定量化的方法，用来揭示信息的内容关联特性。在专利分析研究中，共同出现的特征项之间一定存在某种关联，关联程度可以用共现频度来测定。从数据库的角度理解，一般结构化数据均包含字段名和字段内容两部分，只要字段内容是由多项组成的，那么理论上这个字段就可以进行共现分析。对关键词字段，对多个关键词之间的共现关系进行共现分析，则为共词分析。对于专利文献分类号，诸如 IPC、EC、FI、FT 等，则对分类号共现的情况就可以进行共类分析。

同一个业务领域会有不同的专利，同一个专利代码有可能会应用到多个不同的业务领域，因此会出现专利共现的情况。公司的各个业务领域所覆盖的专利代码如表 4.5 所示。

表 4.5　欣旺达专利及其业务领域按 IPC 代码分类

业务领域	IPC 代码
3C	A62C B21J　B25J B29C B29L B60K B60L B64D C01C C23C G01K　G01R　G01S G05B G08B G02C G05D G06F　G09I C09J C09D H01L H01M H01H H01R H02H H02K H02M H02P H02J H04B H03K H03M H04L H04L H05K　H05K
储能	B65D G01R G10K H01F H01M H02M H02H H02J H05K
汽车化学（电芯）	B01F B21D B26D B26F B82Y C01B C01G C08F G01L G01N G01M G01R H01M
电动汽车	B23K B25J B60L B60R G01R G01K G01N G01R G05B H01H H01M H01R H02J H03H H04L H05K
自动化	B07C B21D B23K B23P B25J B29C B32B B41F B65B4 B65C G01N G01R G06K H01M H02K H05K
智能终端	B07C B23K B62D B60T B60K B60Q B65G　B66B G01D　G01G　G01R G06F H02J H01M
检测	B25J G01N G01R G06N G06F H01M H02J
塑胶	B29C

资料来源：根据公司专利记录整理自行绘制

（1）3C 技术与电动汽车技术之间的共现关系。我们通过对欣旺达 3C 消费类电池技术与电动汽车技术之间的 IPC 代码专利进行 IPC 分析，揭示了核心技术与新兴技术之间关系的动态特征。图 4.17 为"3C"与"电动汽车"IPC 共现的详细数据。持续的 IPC 共现意味着这些字段之间的相互作用。

动力类锂离子电池模组是欣旺达的重点发展领域，欣旺达自 2010 年开始投入电动汽车电池模组和 BMS 研发，2013 年开始将电动汽车研发成果转化为技术专利。通过对电动汽车与 3C 技术的 IPC 代码共现频率，可以分析出电动汽车技术来源和演化。从图 4.17 可以看出，电动汽车技术专利中一直包含了 3C 技术的主 IPC，且共现 IPC 占比均超过 50%，始终维持在较高水平。电动汽车相关专利技术主要涵盖了电池材料、电芯制造及电池组集成这几个环节，具体涉及电池模组、电极、电池单体、电池管理系统（BMS）、电池组保护电路和装置，以及电池组性能测试等。

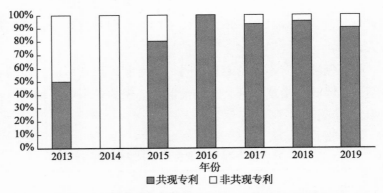

图 4.17　电动汽车技术专利中 3C 专利 IPC 的共现

资料来源：根据公司专利记录整理自行绘制

分析表明核心技术 3C 与新兴技术电动汽车之间有很强的关联性，电动汽车技术以 3C 电池技术为基础逐步发展和演化而来。事实上，电动汽车模组和 BMS 的技术最早是在公司研发中心孵化的，刚开始时很多人员、技术和管理都是共用的。值得注意的是，2019 年新增的电动汽车技术专利大幅增长，88 件专利中有 79 件与 3C 技术共现，相比 2018 年显著下降，表明电动车技术在近年来的发展中逐步脱离原有 3C 业务的技术范围，向更深层次创新，尤其是在动力电芯领域。这和实际情况也比较一致，电动汽车作为一个子公司独立设置后，外部引入了大量的研发人员，后来又开始研发和生产动力电芯，所涉及的业务范围和技术领域均已经超出了之前的范围。

（2）3C 技术与自动化技术之间的共现关系。通过对欣旺达 3C 消费类电池技术与自动化技术之间的 IPC 代码专利进行 IPC 共现分析，揭示了两类技术之间关系的动态特征。图 4.18 为"3C"与"自动化"IPC 共现的详细数据。

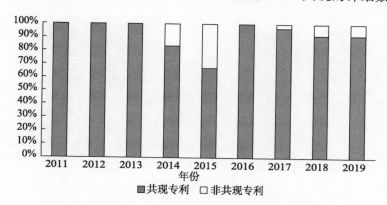

图 4.18　自动化技术专利中 3C 专利 IPC 的共现
资料来源：根据公司专利记录整理自行绘制

欣旺达在 2011 年成立自动化事业部，对生产线进行自动化改造、升级。自动化技术主要是 3C 电池 PACK 生产线的设计与集成、测试设备、相关的工装夹具等，其技术主要来源于传统 3C 消费类电池工艺与设备技术。由共现图能够看出，2013 年以前 3C 技术与自动化技术共现频率为 100%，呈现完全共现的特征。2014 年开始共现频率逐步下降，自动化技术已经从 3C 核心技术中逐渐发展演化，到 2018、2019 年稳定在 90% 左右的水平。另外，自动化技术也影响着传统 3C 技术的发展和创新轨迹，例如模组自动化产线的诞生促进了 3C 电池的自动化生产和技术创新。

（3）3C 技术与检测技术之间的共现关系。图 4.19 为"3C"与"检测"技术类别 IPC 共现的详细数据。

欣旺达于 2012 年成立手机电池检测实验室，能够进行环境、安全等多项测试。从检测技术与 3C 技术的 IPC 共现情况来看，历年来技术共现比例呈上下波动趋势，均维持在较高水平，其中 2012—2014 年共现技术专利占比 100%，全部为 3C 共现技术；2019 年技术共现 80%，较 2018 年略有下降，主要共现技术有充放电测试、电源测试、负载检测、模组检测等。这在一定程度上说明欣旺达在传统 3C 技术稳步发展的同时，对新兴的检测技术有溢出效应，二者相互促进和协同,推动了欣旺达实验室检验业务的快速发展。

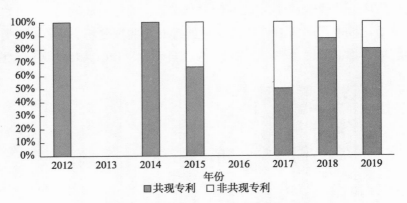

图 4.19   检测技术专利中 3C 专利 IPC 的共现

资料来源:根据公司专利记录整理自行绘制

(4)3C 技术与储能技术之间的共现关系。图 4.20 为"3C"与"储能"技术 IPC 共现的详细数据。

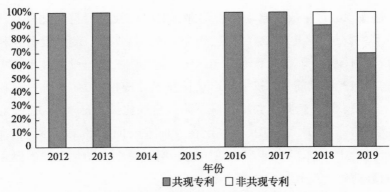

图 4.20   储能技术专利中 3C 专利 IPC 的共现

资料来源:根据公司专利记录整理自行绘制

欣旺达于 2016 年成立综合能源子公司,正式开展储能业务的公司化运作,主要技术路线是以磷酸铁锂、钛酸锂电池为主,发展储能系统集成业务。从储能技术的诞生和演化路径来看,发展初期储能与 3C 技术专利 IPC 高度共现,共现比例连续几年为 100%,从 2018 年开始下降,2018 年 IPC 共现比例为90.5%,2019 年 IPC 共现比例为 69%,主要共现技术有从电池正负极材料、隔膜、电解液、电池管理系统,到锂电池的制备方法、充放电方法等方面。由此可见，欣旺达储能技术与传统 3C 技术领域相关，这主要表现在电池系统方面；近两年储能自主创新水平逐步提升，尤其在电力电子、能量管理系统、系统集成等方面与公司原有业务关联度相对较低，储能技术逐步朝创新、多样化发展。

（5）3C 技术与电芯技术之间的共现关系。图 4.21 为"3C"与"电芯"技术 IPC 共现的详细数据。

欣旺达自 2014 年起开始涉足动力电芯技术的研发，2017 年成立动力电芯子公司，主要用于电动车用电芯的研发、生产和制造。图 4.21 显示了 3C 技术与电芯技术的 IPC 共现情况，可以看出从 2014 年以来，电芯技术与 3C 技术共现频率一直维持在 80% 以上，共现比例较高。不过 2016—2019 年连续三年专利共现比例有所下降，非共现比例有所上升，2019 年共现专利占电芯总专利的 88.7%。电芯共现技术主要包括各个型号的锂离子电芯研发、电芯制作与封装、电池单体生产等技术。可以看出，欣旺达电芯技术早期与 3C 技术有很强的关联性，近年来逐步创新发展，电芯技术专利数量和质量大幅上升，成为欣旺达具有独特创新力的技术领域。

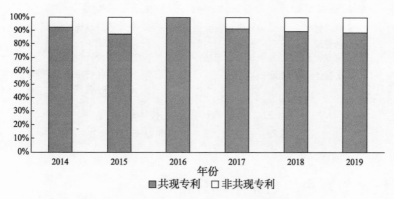

图 4.21　电芯技术专利中 3C 专利 IPC 的共现
资料来源：根据公司专利记录整理自行绘制

综上所述，欣旺达在传统 3C 技术的基础上，通过持续的自主创新，凭借领先的系统研发和制造能力以及先进的自动化水平，在笔记本电脑、电动汽车电芯、智能硬件、储能等技术研发方面处于同行业领先水平。

由欣旺达技术发展轨迹和技术共现分析可知，欣旺达整体技术轨迹是由传统 3C 消费类电池技术向电动汽车、自动化、检测、储能、电芯等新兴技术领域迁移和发展。新兴技术以欣旺达核心技术为起点和依托，随着研发创新力度加大而不断拓展技术范围。从电池材料（包含电极材料、隔膜、电解液等）演化到电芯制造（包含电极板、电芯封装、电池单体等），再拓展至电池组集成（电池管理系统、集成系统、电池组设计、电池组保护装置等），具体如图 4.22 所示。随着电动汽车、储能等新兴技术专利数量的增加，相关领域的业务也得到良好的技术支撑，业绩呈现同步增长。可见基于 3C 电池的相关技术与多项新兴技术的互补性有效地推动了欣旺达多元化业务的发展。

需要补充说明的是，不同业务领域技术之间的共现只是说明了不同的领域具有技术共用的可能性，实际中有没有进行共用还取决于很多因素，比如组织结构的设置、团队的组建、内部交流共享、激励机制的建立。因此，有的业务之间存在共现的专利技术比例较高，在人员和技术方面实际上共享的也比较多；有的业务之间专利技术共现的比例较高，实际上交流、共享的却比较少，尤其是针对后来新组建的部门。这也是企业可以加强协同、进行改进的机会点。

图 4.22　电池类产品相关技术的分类
资料来源：根据访谈及公司资料整理自行绘制

4.4.4　技术与客户的创新矩阵分析

欣旺达在发展多元化业务的进程中，除了注重核心技术创新这一关键因素外，还十分注重技术与客户的关联与匹配，深入挖掘客户需求，使技术创新更高效地转化为客户期待的产品，从而进行了业务领域的拓展。

图 4.23 是从技术和客户两个维度来进行分析的 2×2 矩阵。横轴代表客户的维度，分为现有客户及潜在的新客户；纵轴代表技术维度，分为现有技术和新技术。该图将潜在市场容量视为许多细分市场客户的总和，每一项技术和基于此形成的产品对应的客户需求就是一个细分市场领域。通过扩大技术或客户的范围边界，公司将实现业务多元化发展。

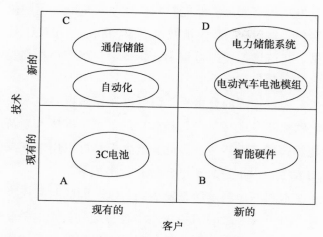

图 4.23　技术—客户矩阵图

资料来源：根据访谈及公司资料整理自行绘制

如图 4.23 所示，每个象限所代表的含义说明如下：

象限 A 是指公司现有的技术及其服务的客户。例如：3C 电池组技术、塑胶成型技术应用于苹果、华为、OPPO 等智能手机制造商。这个象限是公司过去发展中形成的，作为核心能力和市场的基石，通常市场容量比较固定。在这个市场中，欣旺达在对竞争现状进行充分调研与分析的基础上，通过优化生产流程、减少成本、提升服务等渠道，保持和拓展市场份额，并持续向细分市场渗透。

象限 B 是现有技术服务于新客户。例如：3C 电池 PACK 与模组技术、塑胶成型技术应用于微软、大疆、亚马逊等智能硬件设备制造企业，产品包括无人机、扫地机、平衡车、滑板车、音响、电子笔等。这时的核心是技术，产品是客户需求的具体表现形式。公司以现有研发和制造技术为基础，拓展到更多新的客户和产品领域，对现有技术进行充分商业化利用，从而达到利润最大化。

象限 C 是用新技术开发现有客户。例如：欣旺达通信储能系统集成技术应用于华为等通信类企业，是对现有客户的新技术深耕与合作。现有顾客与新技术的结合往往能使新技术快速打开市场。一方面，在销售渠道、客户关系、品牌效应等方面充分发挥互补效应；另一方面，降低市场开发成本，深入挖掘客户价值。

象限 D 是用新技术开发新客户。该象限是风险和不确定性最高的部分，同时也是公司实现跨越式发展的必经之路。例如，公司新研发生产的动力电芯及电池模组应用于电动汽车领域，储能技术应用于发电侧、电网侧、用户侧等多家企业和园区客户。这对以 3C 电池技术起家的欣旺达来说，是一次重大的转变和全新的尝试。在市场拓展的过程中，新技术与新客户相互验证，推动技术多样化和市场多元化的发展。

通过对技术—客户矩阵的分析，公司可以在积累核心技术与不断进行技术创新的同时，识别和开发现有客户与新客户的需求，将技术创新通过细分客户需求的实现转化为公司经营成果。因此，这个工具可以用来支撑公司作技术规划和客户规划的参考，以推进公司的多元化业务发展。

当然，由于技术和客户都是动态发展的，以不同的时间点为参照会得出不同的结论。同时，由于技术之间的关联性和客户细分类别的关联性，有时边界划分未必能够做到非常清晰和理解一致。但是，当我们以具体的某种或某类技术以具体的某个客户来分析时，就会变得比较清晰。

案例企业通常会在四个层面上考虑从技术到市场的创新与拓展。第一是技术层面，包括基础研究、平台技术，以及具体的产品技术。就电芯而言，基础研究包括材料研究、前沿技术研究等，平台技术是指基于某一产品或技术类型而规划的相关技术，具体的产品技术是基于具体的客户需求和产品定义为开发特定产品而应用的技术。第二是产品层面，产品是市场和技术的结合，通过市场趋势、具体的客户需求和痛点、技术的储备、制造的可行性等多个维度的分析从而得出产品的规划和定义。第三是客户层面，核心是对客户需求的理解和把握。需要到具体的应用场景去发现解决问题和为客户创造价值的最好方法，从而明确需求。有时客户并不一定能从更专业的角度理解自己的需求，所以在满足需求的基础上更需要通过技术的积累和产品的创新去创造需求和引领需求。第四是市场层面，更侧重于面向未来从整个行业及社会的面以及从各类细分市场的角度进行分析，得出未来的发展方向和趋势。

Ansoff（1965）提出了经典的产品—市场矩阵以说明多元化发展的路径。相对而言，从技术的角度考虑，比从产品的角度考虑更底层、更有利于核心技术能力的构建；有时候客户需求的表现不仅仅是一种产品，而是一种解决方案或技术服务；技术与产品有关联性，但又是不同的两个维度，技术的积累和多样化是产品多样化的基础。从客户的角度考虑，直接关注客户的需求和痛点，更有利于设计出满足或超越客户需求的产品。市场层面关注更多的是面和趋势变化，而客户层面关注的是具体的需求，更有利于公司业务战略的落地；而且，就发展趋势来看，很多企业大客户类的产品都是与客户共同开发的，很多企业大众消费类产品也鼓励用户参与开发（如宝洁公司）。技术与客户矩阵尤其对于 To B 的业务分析有比较明显的优势。当然，本节所提出的技术—客户矩阵的分析与安索夫（Ansoff）的产品—市场矩阵在本质上并不矛盾，不是替代关系，可以相互补充使用。

第 5 章

企业整体协同演化发展与互补性机制的形成

组织管理体系是多元化战略成功的保障，本章将通过欣旺达案例来分析组织管理体系以及组织变革与创新过程是如何支撑多元化战略的发展和演变，以及它们之间是如何进行协同和互动的；同时，还将进一步深入探讨影响企业相关多元化成功的关键因素：互补性机制的形成过程。

5.1　不同发展阶段的组织管理变革

如第 4 章的分析，本书将欣旺达的发展分为早期探索、一体化发展、相关多元化发展、平台化发展四个阶段。各个阶段的组织架构、流程制度、考评激励是如何来进行匹配和适应，如何发展与演变，以及如何支撑公司战略发展的？以下将进行分析说明。本节的数据来源主要是公司的组织结构、制度文件、公司发展介绍及公司公告等相关的资料，同时辅以一定的访谈记录。

5.1.1　组织结构

1. 早期探索阶段

欣旺达创始人王明旺先生 1994 年创业成立了佳利达电子厂，此时的公司只是一个小型加工厂，主要研发和生产"旺达"牌手机电池，没有规范的组织管理，大事小事由创始人决策与协调。

1997 年，王明旺正式成立深圳市欣旺达电子有限公司，公司主营业务为单一的手机电池业务，但电池行业二级市场不规范，经营过程中遇到困境，不得不转型，从而与品牌手机主机厂配套生产电池。最终基于自身对锂电池的理解和创新能力进入国内外一线品牌供应链。此时的组织模式是直线职能式，各部门按价值链分设销售、研发、项目、制造、品质、物流及人力资源、财务、信息、行政等职能部门，其中，制造部门主要是生产产品，公司的财务核算分别按客户和项目进行核算，没有按产品线独立核算。组织依然是集权式，由创始人直接决策和统筹协调。

2. 一体化发展阶段

2000 年前后，由于手机产业的快速发展，手机的普及率越来越高，电池厂商的增加导致竞争激烈，公司的手机业务萎缩，利润越来越低，王明旺一边经营电池业务，一边摸索其他业务。经过一番尝试后，公司于 2003 年决定纵向拓展锂电池相关业务，引进模具、精密塑胶、SMT、实验室等业务。同时，组织开始调整，逐步设立事业部制组织结构，并尝试事业部独立核算，逐步分权，通过流程、目标与领导来协调和决策。

这期间设置的部门主要有：营销中心、电池事业部、精密塑胶事业部、精密模具事业部、设备制造中心、总裁办、人力资源中心、财务中心、投资发展部、研发中心、IMD 事业部（膜内装饰技术）、NCVM 事业部（真空电镀），以及汇创达子公司（手机镜片）和欣威子公司（进出口业务）。公司的生产场所主要在深圳宝安石岩街道的水田同富康工业区、同富裕工业区。截至 2010年年底，公司共有普工 1891 人，职员 1101 人，共 2992 人。2010 年公司组织架构如图 5.1 所示。

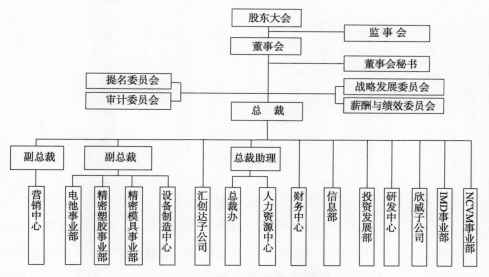

图 5.1　2010 年公司组织架构图

资料来源：根据公司资料整理自行绘制

3. 多元化发展阶段

伴随着多次业务转型和战略变革，公司的组织结构也相应地进行了调整。2011 年，公司顺利在创业板上市，其间不断完善和调整事业部的职能，在 2013 年开始推行事业部独立核算，直至 2014 年全面实施事业部核算和全面预算管理。同时，对部分非核心模块进行业务剥离。

2016 年，随着公司规模的扩张，为了鼓励新业务的发展，在原有事业部的基础上，公司进行板块化调整，根据公司的业务划分为不同的板块：3C 及智能硬件板块、电动汽车板块、能源互联网板块、智能制造板块、检测服务板块。2016 年公司组织架构如图 5.2 所示。

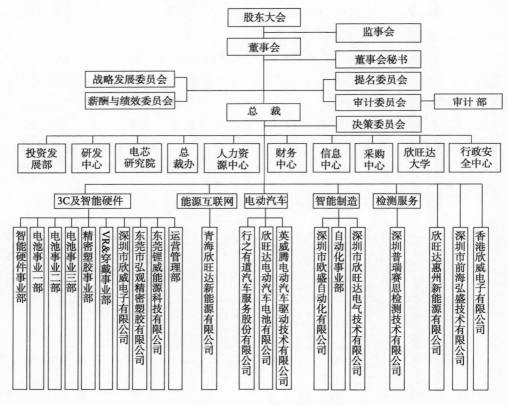

图 5.2　2016 年公司组织架构图

资料来源：根据公司资料整理自行绘制

随着公司业务板块的不断拓展，事业部制的协同难、成本高、资源浪费等弊端逐渐凸显，导致了公司规模增长而利润率却停滞的问题。为了进一步加强管理，公司在事业部的基础上进行子公司化调整。2013 年后陆续成立了欣旺达电气、欣旺达电动汽车电池、欣旺达普瑞赛思、欣旺达综合能源、欣旺达智能科技、欣旺达惠州新能源、欣旺达印度子公司、欣旺达智能工业、欣旺达智能硬件、欣旺达精密技术等子公司，所有子公司独立运营。其间收购东莞锂威能源科技有限公司，该子公司又成立惠州锂威能源科技有限公司和惠州锂威电子科技有限公司。2017 年，公司已经发展为多事业部、多子公司、多厂区的结构，组织模式慢慢向分权方式过渡。

欣旺达员工来自五湖四海，截至 2018 年 12 月 30 日，企业员工总数 20676 人，人员构成情况如表 5.1 所示。

表 5.1　2018 年公司人员专业构成及教育程度类别

专业构成	
专业构成类别	专业构成人数（人）
生产人员	12 554
销售人员	126
技术人员	5 276
财务人员	114
行政人员	1 640
管理人员	966
合计	20 676
受教育程度	
教育程度类别	数量（人）
硕士及以上	502
本科	2 384
大专	2 439
大专以下	15 351
合计	20 676

资料来源：根据公司资料整理自行绘制

4. 平台化筹备阶段

为了更好地孵化新业务，公司开始有计划地拆分一些发展前景较好的子公司，引入战略投资者，以寻求进一步的发展。这时公司的组织管控模式由事业部制逐步向平台公司管理转变，各业务板块按产品线设立一家或多家子公司独立运作。在事业部制的基础上，强化集团总部各职能部门的建设，给组织赋能的同时进行风险管控。

目前，公司已经形成了多个业务板块，多个职能平台的组织结构的规划蓝图，如图 5.3 所示。

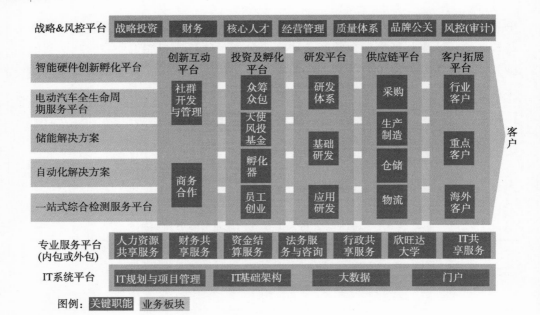

图 5.3　欣旺达平台型组织架构图
资料来源：根据公司资料整理自行绘制

5.1.2　制度流程

1. 早期探索阶段

公司创业初期规模小，没有规范的管理、没有完善的流程体系、也没有使用成熟的管理软件，仅有零散的文件和相应的作业指导书，内部正式的政策发布通常使用纸质的公文，内部的审批和沟通使用纸质请示和信息联络单。

2000 年，公司为了完善质量管理，按照 ISO 9000 的标准建立质量相关流程文件，并于年底获得了 ISO 9001 质量认证。

2. 一体化发展阶段

随着公司业务的发展，仅在研发、项目、制造、品质领域制订流程文件已经无法满足公司的要求。公司引入了用友（U8）ERP 系统，实现销售、生产、物控、采购、仓库、财务的信息化管理。

为规范运作，公司于 2007 年重新塑造流程体系，组织 BPI 文件搭建，首次全面搭建流程管理的框架，通过手册、子系统、一级文件、表单的四级文件形式把公司的业务活动流程化，把公司的流程制度分为 4 个模块 12 个子系统，如表 6.1 所示。同年，引进一款人事软件，用于登记人事信息和记录员工出勤信息。

表 5.2　4 个模块 12 个子系统文件目录

模块	代码	一级子系统	模块	代码	一级子系统
战略模块	1	暂空	运营模块	10	新产品项目管理子系统
	2	暂空		11	产品订单执行管理子系统
	3	暂空		12	客户管理子系统
	4	BPI 管理子系统		13	供应商管理子系统
	5	持续改进管理子系统		14	产品制造管理子系统
				15	产品监测管理子系统
	6	暂空		16	产品防护交付管理子系统
保障模块	20	暂空	保障模块	30	企业文化管理子系统
	21	暂空		31	人力资源管理子系统
	22	暂空		32	行政管理子系统
	23	暂空		33	财务管理子系统
	24	暂空		34	信息管理子系统

资料来源：根据公司资料整理自行绘制

2008—2009 年，公司陆续建立 QC 080000 有害物质管理体系、ISO 140001 环境管理体系和 OHSAS 职业健康安全管理体系，并获得认证。首次认证均在总部 3C 消费类电池 PACK 范围内，后来逐步扩展到模具、精密结构件等。

3. 多元化发展阶段

2012—2015 年，公司组织了两次全公司范围的流程优化活动，扩大了流程体系的覆盖范围。先是流程管理组织调整，集团有流程管理部和相应职责，各事业部或子公司也有流程管理的职能，并配备专职的体系专员负责子公司的流程管理，允许新业务在不违背集团的总体要求下建立契合本业务的运营流程和产品标准，如汽车电池、普瑞赛思、综合能源等。至此，公司的流程已经形成总部框架和总流程，子公司有对应的运营流程的总分格局。

2012 年前后，为了搭建高效的制造平台，公司上线 MES 系统和 PLM 系统，完善制造管理和产品的全生命周期管理。2015 年公司更新用友 U9 ERP 系统，使用一年多之后，发现该系统无法满足公司业务快速增长的需求，也无法支撑公司千亿目标的实现。自 2016 年开始，公司启用甲骨文公司 ERP 系统，部分运营流程随着新 ERP 系统做了相应修订，同时增加了成本管理的功能。同年底，开始搭建新的 OA 系统，并于 2017 年上线，OA 功能强大，除了可以存储所有流程文件供查询之外，还可以把工作流固化成电子流程，各种工作流不再以纸质形式在各厂区之间穿梭审批。2017—2018 年，各部门陆续将上千个流程在 OA 系统中开发和运行，全面预算系统、报销系统和电子档案系统陆续上线。至此，流程 IT 化 1.0 版已经建立。此时，各子公司的业务发展趋于成熟，各业务板块均有各自的运营流程文件。

4. 平台化筹备阶段

2019—2020 年，一方面基于 IT 化的推进加深加快，公司越来越多的系统上线，系统之间的集成需求越来越高，接口集成、数据过滤、提取与读写在越来越多的系统之间实现，同时，流程新增设计审批权限和防呆功能；另一方面基于职能平台的不断强大，各职能部门在 OA 上成立相应的职能门户，如流程制度门户、财务管理门户、人力资源门户、设备管理门户、审计门户等。员工需要的工作流通过门户进入，直接链接至相应的 OA 工作流或其他的应用系统。公司上线了 SRM 系统和 CRM 系统，以进一步完善供应链和客户端管理。至此流程 IT 化 2.0 版本已经基本形成。

5.1.3 考评激励

1. 早期探索阶段

20 世纪 90 年代的深圳分为关内（市区）和关外（郊区），两者的经济发展差异较大，对应的最低工资标准和工资水平也不一样。公司成立初期选址在深圳宝安石岩街道，是关外工资水平比较低的地方之一。当时公司和大部分民企均实行六天工作制，工资不高，主要是月度固定工资，有伙食补助和住房补助，利润较好的年份，有年底双薪。在 2007 年之前，薪资结构以岗位工资为主，员工绩效评估主要依靠领导大致判断，暂未形成规范、系统的绩效评估模式。

2. 一体化发展阶段

2000—2007 年，员工工资结构仍采用单一的固定月工资方式，根据岗位价值与员工个人能力定薪。其间，因为公司利润微薄取消了原有的部分补贴和年底双薪。

随着公司业务模式变化和人员规模的扩大，为改变过去"吃大锅饭"的企业文化，营造既有竞争又有合作的良性文化氛围，2008 年，公司在激励与考核模式上大胆变革，引进 KPI 考核，并在公司中高层管理人员中开展月度绩效考核，但考评的结果并未得到很好的应用。在员工层面没有实施绩效管理。

2009—2010 年，金融危机导致业内很多小规模的竞争对手破产或转行，公司在金融危机后的经济复苏中获得了更大的发展，相关的福利政策也做了调整。

2011 年，公司实施全员绩效考核，薪酬结构中增加了月度绩效奖金的项目，绩效奖金基数从个人工资中提取一部分，公司增加一部分，实现了从固定工资向固定工资加月度绩效奖金的平稳切换，提高了员工工作的积极性，打破了过去吃大锅饭的文化。

3. 多元化发展阶段

随着公司业务的多元化发展、社会地位的不断提升，社会和客户对公司的发展都提出了更高要求，公司对员工的评估内容、评估方式、评估流程也日趋成熟与规范。同时，鼓励各事业部结合自身业务特点，在不违背集团绩效管理总体规则的前提下，建立多样化、个性化的绩效考评机制。

自 2010 年开始策划全员绩效管理方案，从 2011 年开始，公司正式推行全员绩效考核，并引进 360 度评估工具，对员工的业绩和能力进行评估。业绩评估主要是以 KPI 考核为主进行月度考核，结果主要应用于月度绩效工资的发放；同时薪酬结构也进行了相应的改革，增加了月度绩效奖金部分；能力评估主要是以素质模型为基础进行年度考核，年度绩效结合月度业绩情况和能力评估结果综合评定，结果应用于员工晋升、调薪和年终奖分配等。

这套考核评价机制自2011年起开始实施，从未中断并一直延续到现在。过程中也有不断地优化、调整和细化，尤其是针对不同业务的差异。如 2013 年公司成立自动化事业部，结合自动化设备研发领域的业务特点，自动化事业部采取季度考核，同时将员工的个人绩效与部门绩效挂钩，部门绩效表现突出时，团队成员可获得更多的优等名额；当部门绩效差时，团队优等的名额减少。

2016 年，为进一步规范员工的行为规则和价值导向，公司进行了企业文化的梳理，进一步明确了公司的使命、愿景和核心价值观。公司在原有素质模型的基础上，进一步将核心价值观纳入全员年度评估。每年对员工的业绩、能力、核心价值观进行全面评估，并结合员工潜力评估组织开展人才盘点。人才盘点九宫格（如图 5.4 所示）应用于人才发展、薪酬激励等重要人事决策。为提高人才选拔、培养和使用的科学性和准确性，2017 年，公司对素质模型进行优化升级并成功推行了"四有欣人"素质模型（如图 5.5 所示）。素质模型包含 18 个素质项，分为通用素质、管理素质和专业素质能力三类。其中通用素质是全员都必须具备的素质特征，即公司核心价值观；管理素质是公司各级管理者所应具备的核心素质；专业素质是特定的岗位群体所需具备的素质能力。公司根据各岗位的工作性质特征，将所有岗位分为 14 个序列，每个序列所要求的管理或专业素质为 3~5 项。

潜力	7号 待发展者	8号 潜力明星	9号 超级明星
高 20%	1、分析绩效差的原因，要求改善业绩 2、现岗提升 3、了解职业兴趣 4、考虑调岗	1、重点保留 2、考虑晋升 3、合理激励 4、进一步提升绩效 5、考虑纳入后备人才池	1、重点保留 2、优先晋升 3、激励倾斜 4、纳入后备人才池
	4号 差距员工	5号 中坚力量	6号 绩效之星
中 70%	1、分析绩效差的原因，要求改善业绩 2、了解职业兴趣 3、考虑调岗	1、设置业绩挑战目标 2、给予关注、辅导 3、现岗位提升 4、有条件晋升	1、重点保留 2、考虑晋升 3、合理激励 4、开发能力，如轮岗或扩大职责 5、考虑纳入后备人才池
	1号 问题员工	2号 基本胜任	3号 熟练员工
低 10%	1、分析绩效差的原因 2、准备替补人选 3、降级、调岗或辞退	1、确保绩效稳定或提升 2、现岗位发展	1、认可表现，适当激励 2、现岗位发展
	低 10%	中 70%	高 20% 绩效

图 5.4　人才盘点九宫格

资料来源：根据公司资料整理自行绘制

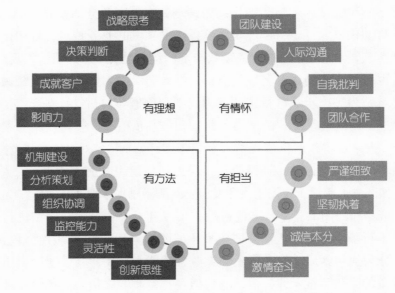

图 5.5　"四有欣人"素质模型

资料来源：根据公司资料整理自行绘制

2012 年，公司在固定工资和月度绩效奖金外，还增加了年终奖金、单项奖金等，将公司年度经营成果与员工利益挂钩，激励各部门关注公司整体利润，极大地调动了员工的工作积极性。2013 年，设置项目奖金分配计划，覆盖销售、项目、研发、生产制造、品质等方面。

2014 年之后公司加大中长期激励，更加注重核心管理人员和技术骨干的稳定性。相继执行了三次限制性股票激励计划、一次员工持股平台，保留了公司核心人员，也积极引导公司广大中层以上管理者和核心骨干关注公司战略实现，对公司核心人员稳定和实现销售额的跨越式增长起到了强有力的推动作用。

各期股权激励实施情况如表 5.3 所示。

表 5.3　股权激励实施情况

激励类型	期次	首次授予时间	参加人数，股数	解禁方式	预留授予	参加人数，股数	解禁方式
限制性股票	第一期	2014 年 5 月	258 人，共 789.1 万股	分三年，40%、30%、30%	2015 年 4 月	34 人，192.25 万股	分两年，50%、50%
限制性股票	第二期	2015 年 12 月	483 人，共 1465.2 万股	分三年，40%、30%、30%	2016 年 11 月	33 人，318 万股	分两年，50%、50%
员工持股计划	第一期	2018 年 11 月	260 人，1∶1 融资	一年	—	—	—
限制性股票	第三期	2019 年 12 月	1393 人，3825 万股	分三年，30%、30%、40%	预计 2020 年 11 月授予	—	分两年，50%、50%

资料来源：根据公司资料整理自行绘制

4. 平台化筹备阶段

近年来，公司不断优化绩效管理机制并开发绩效管理信息系统，提升了绩效评估的效率和质量。随着公司组织的不断演化，已由过去的直线职能到事业部制，以及未来逐步向平台化组织发展。部门定位、业务流程与关系、管理的权限也在不断调整和优化，尤其平台化是相对于科层制组织而言的，以服务客户和结果为导向。总部的相关职能部门，除了政策制定、监督等功能外，更加强调共享与平台服务的能力。这就要求绩效管理的评估内容、考评关系、沟通辅导，以及考核结果的应用也需不断地调整和优化。

未来，将进一步结合各业务板块、人员类型的特点，建立差异化的绩效管理体系，提升绩效考核的有效性和激励性。同时，总部聚焦绩效管理能力的提升，为各级管理者、HR 团队提供专业化的绩效赋能，提高团队的绩效管理水平。

公司除了使用员工持股计划和限制性股票做短期和中期激励之外，计划将公司部分业务分拆独立发展，引入战略投资者的同时授予核心人员一定的公司股份，探索事业合伙人的激励机制。

5.2　企业整体协同演化发展

5.2.1　协同演化的过程及要素

在前面章节讨论的基础上，本节将分四个阶段，从时机、认知、业务发展、组织变革、资源、能力、生产基地、考评激励等方面进行归纳和总结，主要内容如表 5.4 所示。

表 5.4　欣旺达协同演化的过程及要素

发展阶段	早期探索（探索公司生存的机会点）	一体化发展（明确了以锂电池为核心的一体化发展）	多元化发展（在手机电池的基础上进行相关多元化发展）	平台化筹备（搭建职能和业务平台，为进一步发展奠定基础）
时机	❖ 无线通信时代，手机行业蓬勃发展 ❖ 全球产业链的转移 ❖ 改革开放初期，创业热潮兴起	❖ 手机行业竞争激烈，电池利润下滑 ❖ 移动互联网的出现，推动了功能机向智能机的发展，用电量增大，电池成为核心部件	❖ 绿色、环保、低碳的全球趋势 ❖ 电动汽车产业政策的引导 ❖ 光伏、风能和电力行业发展的瓶颈 ❖ 智能制造的发展趋势	❖ 在互联网的基础上进一步发展物联网 ❖ 商业生态的进一步变革 ❖ 雇佣关系的变化与再认识
管理认知	❖ 认为手机电池二级市场不规范，想找新的出路 ❖ 认为服装行业利润高，想转型进入	❖ 认为还是要做和公司能力相关的行业，要聚焦 ❖ 在电池封装的基础上增加塑胶、SMT、电芯等有利于内部协同，有利于为客户提供一体化的解决方案，提升企业综合竞争能力	❖ 认为手机类电池的市场容量有限，不足以支撑起一个千亿级的企业，需要寻找新的机会 ❖ 认为电动汽车、储能、智能制造等行业未来的行业前景比较好，而且和公司的业务和能力相关	❖ 认为公司能够把产品设计和生产做好，随着智能制造、物联网的发展，以及研发能力的提升，可以此为核心构建基于研发、制造的平台战略

续表

发展阶段	早期探索 （探索公司生存的机会点）	一体化发展 （明确了以锂电池为核心的一体化发展）	多元化发展 （在手机电池的基础上进行相关多元化发展）	平台化筹备 （搭建职能和业务平台，为进一步发展奠定基础）
业务发展	✧ 单一业务 ✧ 手机电池二级市场品牌销售 ✧ 尝试开服装厂 ✧ 尝试开酒楼 ✧ 尝试在商场开铺面	✧ 纵向一体化发展 ✧ 专注于为手机整机厂提供电池 pack ✧ 开展模具和塑胶业务（内、外部） ✧ 建立 SMT 产线（内部） ✧ 建立实验室（内部） ✧ 建立自动化能力（内部） ✧ 收购 3C 电芯厂	✧ 战略业务单元 ✧ 拓展智能硬件业务（外部） ✧ 拓展电动汽车电池业务（外部） ✧ 拓展储能业务（外部） ✧ 拓展自动化业务（内、外部） ✧ 拓展检测服务业务（内、外部） ✧ 建立集团研发中心	✧ 考虑生态链布局 ✧ 选择产业链布局 ✧ 汽车、储能等战略性新业务的突破 ✧ 工程技术创新
组织变革	✧ 独资公司 ✧ 直线制组织结构 ✧ 集权 ✧ 领导协调	✧ 改制为股份制公司 ✧ 事业部制组织结构 ✧ 逐步推行独立核算 ✧ 逐步分权 ✧ 目标协同、领导协调、流程协调	✧ 公司上市 ✧ 事业群式的组织结构 ✧ 子公司化发展 ✧ 独立核算，全面预算管理 ✧ 分权 ✧ 目标协同、职能协调、流程协调、领导协调、内部交易	✧ 成立多家子公司，探索合伙企业 ✧ 平台型组织结构转型 ✧ 自组织，放权 ✧ 内部交易 ✧ 加强风险管控
资源配置	✧ 手机电池 Pack 生产线	✧ Pack 生产线 ✧ 模具和塑胶生产设备 ✧ SMT 生产设备 ✧ 实验设备 ✧ 自动化组装产线 ✧ 电芯生产线	✧ 智能终端产品组装线 ✧ 电动汽车电池生产线 ✧ 动力电芯生产线 ✧ 储能集成产品生产线 ✧ 研发测试设备 ✧ 实验室设备 ✧ 自动化组装线	✧ 进一步加强了研发、生产、实验和自动化设备的投入
能力提升	✧ 生产加工能力为主	✧ 生产制造能力 ✧ 品质管理能力 ✧ 研发能力	✧ 智能制造能力 ✧ 全面质量管理能力 ✧ 产品定义与规划能力 ✧ 产品与技术研发能力 ✧ 新市场开拓能力	✧ 全面的产品研发、生产配套能力 ✧ 产品、市场与机制创新能力 ✧ 资源整合与运作能力

发展阶段	早期探索（探索公司生存的机会点）	一体化发展（明确了以锂电池为核心的一体化发展）	多元化发展（在手机电池的基础上进行相关多元化发展）	平台化筹备（搭建职能和业务平台，为进一步发展奠定基础）
生产基地覆盖区域	✧ 深圳宝安石岩	✧ 深圳宝安石岩 ✧ 深圳光明	✧ 深圳宝安石岩 ✧ 深圳光明 ✧ 惠州博罗 ✧ 印度新德里 ✧ 南京溧水区	✧ 制造基地全球规划布局 ✧ 深圳宝安石岩总部基地规划
考评激励	✧ 无考核，靠领导判断 ✧ 固定工资+红包	✧ 全员按月考核 KPI ✧ 岗位工资+月度绩效奖金+年底红包	✧ 月度、年度业绩考核 ✧ 岗位工资+月度绩效奖金+年终奖+限制性股权激励	✧ 岗位工资+月度绩效奖金+年终奖+限制性股权+员工持股计划 ✧ 合伙人机制

资料来源：根据访谈及公司资料整理自行绘制

5.2.2　不同发展阶段的要素分析

如表 5.4 所示，在早期探索阶段，手机市场为手机电池迎来发展的好机会，但是由于手机电池二级市场的不规范，以及利润空间的逐步下降，公司开始基于当时的认知探索其他可能的高利润行业，先后进入了服装制造、酒楼等行业。此时公司的主业是手机电池 PACK，公司的制造资产主要就是电池 PACK 生产线。公司的业务相对简单，创始人王明旺先生这时对市场、技术、生产、交付什么都要管，因此采用简单的直线职能式组织。由于人数并不是很多，每天的工作一眼就能看到，而且大部分员工彼此都熟悉。所以这时的管理主要是靠领导带动和现场监管，尚未建立比较规范的制度流程。而这种管理方式也是比较高效率的，且当时的利润率比较高，比较适合当时公司的起步阶段。因此，从时机、认知、业务到内部资源能力和管理具有良好的匹配性，符合当时的实际情况，为公司后续进一步发展奠定了基础。

在一体化发展阶段，由于前期开服装厂等尝试使王明旺认识到要做与公司核心能力相关的、熟悉的行业。因此，公司重新进行了定位，回归到锂电和手机相关的产业上来。基于快速响应、高质量满足客户需求的考虑，公司增加了手机电池制造相关的模具、塑胶、SMT、实验室等业务，这些业务的布局进一步提升了欣旺达一体化解决方案的能力，并通过多个环节的综合协同效应，保障了公司的利润。随着业务的增加，原有的组织方式已不再适应公司的业务发展需要，因此，欣旺达开始尝试事业部制组织架构，逐步实施事业部的独立核算，并在目标管理、流程协调的基础上逐步分权。公司的生产设备等资源和能力也随着业务的发展相应地扩大范围。随着人员的增加，公司进一步规范了管理，实施了全员月度基于 KPI 的绩效考核，同时考核的结果与月度绩效奖金挂钩，改变了公司之前吃大锅饭的文化，激发了员工的工作积极性。

在相关多元化发展阶段，随着公司 2011 年在创业板上市，公司在原有业务基础上谋求更大的发展空间。由于认识到手机电池行业的市场容量有限，因此考虑进入一些新的行业。这些行业应该是未来有较大的成长空间，同时又和欣旺达原有的资源和能力具有一定的相关性。因此，经过仔细评估，公司选择进入智能硬件、电动汽车、储能、自动化、实验室检测等领域，并扩充了相应的资产和能力。由于同一业务内出现多个部门，公司的组织架构逐步向事业群或事业板块方向发展。为了明确责任，保持一定的独立性，事业部进一步分离为子公司。公司进一步加强了独立核算，在目标管理、流程协同、职能协同、领导协同、内部交易的基础上，实行进一步的分权管理，部分部门由原来的运营管控模式变为战略管控模式。在考评激励方面，公司开始了基于销售和利润的年度考核，以及基于利润分享的年终奖金制度，调动了员工尤其是业务部门员工的积极性。同时，上市公司股权激励的实施，进一步激励和稳定了公司核心管理与技术人员。

在平台型组织的筹备阶段，随着物联网、智能制造、雇佣关系等商业环境的变化，以及公司规模和能力的积累，公司又开始考虑下一轮的发展布局。公司决策层认为公司能够将产品研发、制造做好，可以基于产品的研发、制造、检测以及公司的相关资源来构建未来平台型战略和发展模式。创始人王明旺希望打造一个大家共同创业、发展的平台，将来孵化出多家上市企业。同时，公司也在开始探索合伙人机制，部分子公司或事业部已进行整改。在整个产业链内的合作也正在进行相关的布局。新的思考和探索及时反映了这个时代的特征，以及产业和竞争环境的变化。未来的发展永远是一个持续探索的主题。随着公司涉及产业的增加，管理幅度的扩大，未来的管理模式也将会不断地调整，总部更侧重于战略方向、核心人才、财务资金的管理和风险控制。事业部、子公司将逐步向自我管理、自组织演变。

通过以上分析可以发现，在发展的每一个阶段，环境与时机、管理认知、战略与业务、组织、资源、能力等各个方面，都能够动态地协调一致。也正是各种内外部因素的协调一致，最终推动了企业的健康发展。

由此，我们可以得出：企业的发展是一个内外部各种因素协调一致，不断探索、调整、不断演化的过程。同时也是一个不断建立系统一致性，又不断打破原有的一致性，建立新的平衡的动态过程。在某一时间节点上需要尽量做到各个方面因素的互补、匹配与一致，包括时机、认知、战略、组织、互补资产、核心能力，以及整体的协同。

5.2.3　不同要素的发展分析

如表 5.4 所示：在时机与背景方面，中国经历了从计划经济向市场经济转型，沿海地区创业热潮的兴起。通信行业由有线通信向无线通信发展，手机由功能机向智能机发展。绿色、环保、低碳的时代要求和发展趋势，推动了电动汽车和储能行业的发展。人们对美好生活的向往以及科技的进步，推动了智能终端产品的发展。人工成本的上升和客户对品质的要求，推动了自动化以及智能制造的发展。政治、经济和社会是大背景，技术创新与扩散是基本的因素，客户需求的创造和满足引领着经济的发展。每一个阶段的时机，都是企业发展的机会。能够结合内部资源和能力前瞻性地规划并把握住时机的企业就是经济发展中的创新主体。

在管理认知与业务战略方面，刚开始，创始人认识到手机电池有市场机会而进入这个行业。后来认识到市场具有一定的风险，并判断利润将会大幅度下滑，从而进行了其他行业的探索。之后发现不熟悉的行业自己没有优势，从而回归到手机电池主航道上来。认识到电池 PACK 相关的内容如模具、塑胶、SMT、检测、自动化等也是可以去进一步完善提升，得到一体化的发展。后来，认识到手机行业的市场容量有限，进而进入了具有一定相关性的智能硬件、汽车电池、储能等行业，进行相关多元化的发展。然后，认识到可以基于产品的研发、生产来构建平台型的企业发展，开始了平台型企业的发展与探索。这是一个认识、发展，再认识、再发展的持续探索过程。

在组织方面，由最初的直线职能式，到事业部制，再到事业群，最后往平台化方面进行探索，每一步都体现了战略和业务的匹配，同时，组织自身也是一个不断演化、升级的过程。随着业务的不断扩大，为了快速决策和响应，管理决策的权限不断由集权向分权演变。有时是提前进行业务规划，推动组织的进步，有时是提前进行组织规划，推动业务及相关要素的进步。如欣旺达在早期是业务布局带动了事业部制的发展；在事业板块化发展阶段，当时绝大部分销售收入都来自传统的 3C 业务，公司对几大业务板块的组织架构设计，向公司员工传递未来业务发展的信息，并基于此来进行人员、资源和能力的配置，从而推动了公司新业务的不断发展和进步。

在资源和能力方面，也是随着战略和业务的变化不断进行布局和完善。公司的生产基地也不断扩张。有时是有相关的资源、能力基础，再去发现和拓展业务机会，如公司的实验室与检测、智能硬件业务，就是这种模式。有时是发现了业务机会，再去规划、布局相关的资源和能力，如公司动力电芯的研发生产、储能系统的集成。公司原来并不具备这方面的资产和能力，主要通过人员的招聘和设备购买来获得相关的资源和能力。

在雇佣关系及激励机制方面，从传统的聘用关系向核心人员的合伙人机制转变，激励机制从过去的固定工资向年终奖、股权激励和员工持股不断演变。

综合以上分析发现，在每一个要素向前演化的过程中，既有量变，也有质变。有时体现的是积极的适应，有时则需要前瞻性的规划布局。公司的发展具有二元性，在考虑每一个阶段一致性和稳定的基础上，同时要考虑对下一个阶段的规划布局，总有一些要素先于其他要素提前突破，后进的要素要不断跟上先进要素的发展，从而达到新的阶段系统的一致性。

由此，我们可以得出：企业的发展具有二元性：一方面，要考虑某一个阶段和时间节点上各要素的一致性；另一方面，要考虑到对未来的规划布局，需要在稳定的基础上主动开辟第二曲线，提前规划布局相关的要素。发展的过程就是旧事物消减、新事物生长、阴阳更替的过程。系统中任何一个要素的提前规划布局，都会带动其他要素的升级和进步，并推动形成新的阶段或时间节点的系统动态一致。

5.2.4 企业整体协同演化发展模型

我们将早期探索以"探索"替代，将一体化发展用"深化"替代，将多元化发展用"扩散"替代，将平台化筹备阶段用"升级"替代；将外部环境和时机用"时机"表示，将相关内部因素简化为认知、战略、组织、资源、能力等因素，将不同阶段的差异用不同的数字表示；我们可以将表 5.4 中的不同阶段和不同要素的内容进一步提炼为企业整体协同演化发展模型，如图 5.6 所示。

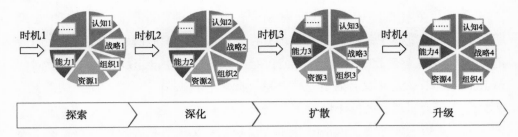

图 5.6　企业整体协同演化发展模型

资料来源：根据笔者归纳总结自行绘制

　　企业发展的过程不仅仅局限于四个阶段，还会不断地创新和演化，向前发展。企业的内部相关要素也不局限于认知、战略、组织、资源、能力等几个方面，不同的企业可以根据自身特点进行归纳和规划。公司的发展和战略形成过程不是一蹴而就的，这是一个不断设想、不断验证、不断深化、巩固和持续创新的过程。

　　在综合前面分析的基础上，从发展阶段的角度提出以下命题。

　　命题 1：在探索阶段，要找到一个能够满足客户需求，实现产品的销售和利润或其他价值的机会点。

　　命题 2：在深化阶段，面对众多机会，要确定好企业的核心定位，围绕一条主线去深挖，构建企业的核心能力，形成一定的核心技术、商业模式和管理模式的相对优势。

　　命题 3：在扩散阶段，以专业化为基础，基于企业的资源能力（尤其是核心技术）和市场的机会之间的匹配性来进行业务拓展，获得成功的概率相对更高。

　　命题 4：在升级阶段，要站在更大的生态系统，从整个产业链和利益相关者的角度来思考、布局企业发展。平台能力的构建需要一个长期积累的过程，没有核心能力的平台型企业很难整合众多生态企业的优势，很难发挥整个生态系统的价值。

5.2.5　华为的四个发展阶段分析

　　笔者观察并初步分析了美的、华为等具有一定规模的企业，发现它们似乎也符合以上发展阶段及命题。以华为为例，其发展历程和阶段简要梳理如下：

　　（1）探索阶段（1987—1994 年）。1987 年 9 月 15 日，华为诞生于深圳市南山区南油 A 区 16 栋的一户单元房内，那一年任正非 43 岁。任正非当工程兵时所在部队长期驻扎在辽宁，他在当地有一些熟人。一次偶然的机会，任正非和辽宁农话处的一位处长叙旧，得知国家在大力发展民族通信产业，该处长说这个领域有潜力，引荐他去代理香港鸿年公司的用户级交换机。任正非抱着试一试的心态，做起了交换机代理销售的生意，华为就这样误打误撞地进入了通信行业。要做好这个生意，一方面要有客户，另一方面要有货源。当时华为代理的是一款香港鸿年研制的 40 门模拟交换机，后来在珠海合资生产。但是华为作为代理商，经常拿不到货。于是华为开始自己组装小型用户交换机 BH01。1990 年，华为从组装走向自主研发，尝试开发 BH03，获得了初步成功。根据适用对象的不同，交换机分为三类：用户交换机、企业交换机、局用交换机。1992 年，任正非作出了开发局用交换机、模拟局用交换机 JK1000 的决定，把交换机产品卖给电信运营商。但这款产品一面市就面临被淘汰的窘境，因为模拟交换技术属于上一代技术，数字程控交换技术已经比较成熟。于是，任正非拍板高息贷款，孤注一掷地开始 C&C08 数字程控交换机的开发。1993 年 C&C08-A 型机在浙江义乌开通，1994 年开始全面走向商用，"华为的春天"才真正开始。在这个阶段，华为通过几年的探索，找到了一个既能够满足客户需求，又能实现销售和利润的机会点。

（2）深化阶段（1994—2003 年）。华为凭借 C&C08 机的产品优势（高质量和高可靠性）赢得了客户的信赖和支持，从过去 400 多个竞争对手中脱颖而出。该产品畅销通信市场 25 年，直到 2018 年才退出市场。同时，该机型的开发也为华为提供了一个产品平台，后来 130 多条产品线的关键产品，包括传输、无线、光通信、数据通信等，几乎都是在这个平台架构上发展起来的。1995 年，华为开始研发无线领域的产品。1998 年，华为开始研发 WCDMA 商用系统。1999 年，华为推出 GPRS 全套环路系统。2001 年，进行 WCDMA 外场试验。华为通过产品和技术的创新，抓住了从程控交换机到下一代交换机（NGN），移动通信从第二代到第三代（3G），以及后来的 4G、5G。1994 年至 1998 年是华为产品的快速复制期，华为采用"农村包围城市"的打法，从 1994 年员工仅 540 人、销售收入 5.55 亿元增长到 1998 年员工为 8000 人、销售收入为 60 亿元。1996 年华为在俄罗斯第一次参加海外展会，准备开拓海外市场。这个阶段的组织也从之前的直线型转变为职能型。1998 年向 IBM 学习企业管理，1999 年启动集成产品开发（Integrated Product Development，IPD）管理变革项目。1998 年启动了任职资格认证体系试点，同年颁布了历时三年打造的《华为基本法》。华为先后邀请了十多家业界领先的管理咨询公司，花费的管理变革费用达到了销售收入的 1.4%。华为从代理香港公司的电信设备，逐渐演变为自主开发产品的集中化战略，面对激烈的市场竞争，从 1995 年开始，华为集中化战略转向一体化和国际化，逐渐成为一个能提供全面通信解决方案的提供商和服务商，占据市场龙头地位。此后，华为逐渐把自己的通信业务链进行延伸，初步形成了"云、管、端一体化"的格局。华为在深化阶段主要是围绕运营商的业务，不断加强研发和产品的能力，发展成为解决方案提供商，同时加大市场开拓力度，并根据发展的过程中出现的各种问题，持续进行管理优化与变革。

（3）扩散阶段（2003—2015 年）。2003 年，华为终端公司成立，专注于手机业务。其实，早在 2000 年，华为和摩托罗拉合作，委托生产摩托罗拉的产品，为华为独立生产手机埋下了伏笔。2009 年，华为首次展示了其搭载 Android 系统的智能手机，成为中国大陆第一个推出 Android 智能手机的厂家。华为借助电信网络和终端的优势，将其业务延伸至包含手机在内的消费电子领域与消费电子芯片领域。并在之后十年的深耕后取得了巨大的成就。2017 年，华为手机在低端市场阻截小米，在高端市场狙击苹果和三星，最后手机销量过亿，成为国内手机销量第一的厂商。2019 年，华为手机销量超越苹果，成为世界第二。华为这个阶段的业务拓展为运营商业务、企业业务、消费者业务几大板块，同时还在孵化网络能源业务、汽车相关业务，进入了多元化发展阶段。在核心能力构建方面，华为在 2004 年成立了海思半导体（其前身是早在 1991 年就成立的华为集成电路设计中心），华为还在操作系统、云计算等方面进行了持续的投入。组织结构由过去的职能型变为事业部型和矩阵型的混合结构，但本质上还是以客户为中心的流程型组织结构。华为强大的研发投入（超过销售收入的 13%）和强大的全球市场体系为公司的多元化发展奠定了坚实的基础。华为一方面进行战略聚焦，积累能量，另一方面也等待市场机会，一旦市场机会成熟，就会重兵投入，实行"针尖战略"，压强突破。

（4）升级阶段（2015—2021 年）。随着一批互联网企业的兴起，人们进入了一个崭新的数字世界，华为及时调整企业战略，致力于构建起一个连接个人、家庭和组织的万物互联的世界，把自己打造成一个基于云、大数据、AI 等多种技术为基础的平台公司。2015 年 5 月华为开始构建生态系统，发布打造业务驱动的 ICT（Information Communications Technology）基础架构，通过基础架构、基础设施与行业应用软件的深度融合，持续打造以用户为中心的生态系统，赋能产业革命。2015 年 11 月，华为宣布将在 5 年内投入 10 亿美元实施"沃土开发者使能计划"，打造面向开发者伙伴的开发使能和联合创新平台。之后，华为逐步开源开放了通信技术、云服务、鲲鹏计算能力等，并在全球建立 21 个 OpenLab，打造开发者社区，举办开发者大赛和人才认证。基于平台的力量，华为打造了一个生机勃勃的生态系统，赋能智慧城市、智能制造、智能能源、智慧出行、教育等多个领域。在其强大的数字平台之上，参与的行业和组织、甚至政府部门都变得更为敏捷、有效。随着大数据时代由"数字"到"数智"的演变，传统经济未来将走向算法经济，华为抓住这一变化趋势，大力发展软件业务，建设软件生态，从而获得企业新的竞争优势。华为正在从一个多元化的企业，通过其强大的平台基础以及整体的管理协同与运作能力，将自己打造成为一个平台型的企业"航母"。华为的组织进一步演化，业务端为运营商 BG、企业 BG、消费者 BG、CLOUD & AI BG、数字能源 BG，后端由管理平台和业务平台进行支撑。

5.3　企业互补性机制形成的过程模型

本书第 4 章对公司的战略发展和业务拓展过程进行了详细的分析，包括公司的发展历程、认知与战略选择的关系、互补性机制的模式和方式、技术的积累与创新及其对业务拓展的影响。第 5 章第 5.1、5.2 节对组织管理变革、组织与战略的互动及公司整体的协同演化进行了分析。在以上分析的基础上，本节将进一步分析、揭示相关多元化发展的关键成功因素及其关系，其中一个重要的解释因素就是互补性机制。那么相关多元化企业整体的互补性机制是如何形成的呢？本书提炼了企业互补性机制形成的过程模型，如图 5.7 所示。

结合图 5.7 进行分析，对相关命题归纳总结如下：

通过第 4 章欣旺达发展历程以及技术、客户创新矩阵的分析，可以发现在市场相关性或技术相关性强的行业开展业务更容易获得成功，如与手机电池相关的塑胶、模具、BMS、实验室及自动化业务，因为客户是相同的，只要解决设备和技术的问题，就可获得成功。而智能硬件的产品设计和生产制造技术公司原来已经基本具备，更多的是依托原来的技术去开拓新的客户。而在相关性小的行业开展业务难度更大，需要长期的布局和投入。如动力电池和储能系统，技术是新的，客户是新的，行业发展受政策的影响波动较大，行业竞争激励，要想获得成功，需要长远的布局和大的投资。如本书第 4.3.1 节所述，公司在

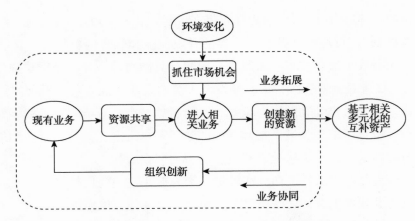

图 5.7   企业互补性机制形成的过程模型

资料来源：根据笔者归纳总结自行绘制

3C 业务的基础上，通过营销、技术、供应链、组织等方面的资源和能力的共用或借鉴，进入了智能终端业务、动力电池业务及储能业务。这说明在现有业务的基础上，企业通过资源的共享而进入相关的业务领域，资源共享是一种业务拓展的方式和渠道。由此可得出以下命题：

命题 5：企业通过资源共享进入新的产业领域，资源共享提供了企业实现相关多元化战略的资源和能力基础。

通过第 4 章业务互补性的分析，我们发现，互补性包括共享、互补、与整体一致几个方面。通过共享可以降低成本、节约时间、提高效率；通过互补可以重新组织要素进行产品和市场创新，以推动产品市场化和销售增长，实现更大的商业价值。而与公司整体的一致性将会带来整体价值的提升。如本书第4.3.2 节所述，企业的互补包括了六种情况：同一产品的不同组成部分之间的互补、同一产品在价值链上的不同职能领域的互补、不同产品/业务之间的互补、总部的管理服务部门和事业部/子公司等业务部门之间的互补、团队成员的互补、与外部相关企业的互补。这些广泛存在的互补性，使不同的业务活动之间相互促进并获得收益，从而促进了资源的充分利用，有利于市场的成功，提高了企业整体的效率。而其中技术与客户资源又是两种最重要和典型的资源，这两种资源相互促进和相互补充。充分的技术积累有利于客户的开拓，同时，对客户需求的理解和把握以及客户关系的建立又会引导和推动技术的进步。

本书第 4.4 节对专利技术的积累、对于业务发展的支持，以及如何通过技术的创新和客户的拓展从而拓展公司的业务进行了详细的分析。通过第 4 章专利技术和业务演化的分析，我们发现，技术的积累、多样化、迁移和共享，有利于公司核心能力的构建，有利于相关多元化业务的发展。技术的多样化，常常先于业务的多元化。技术及相关资源能力的积累，需要一个过程。相关多元化是建立在专业化的基础上的，没有核心能力积累和迁移，盲目的多元化战略并不能构筑公司的核心能力和优势。多元化企业的每一个业务都要具备市场竞争力，各业务共享资源或战略协同并不能降低对一个业务的市场要求。多元化业务要想成功，每一个业务都要有足够投入，要达到规模经济的批量生产，就要处在较有利的竞争位置。

由此，可得出以下命题：

命题 6：企业有六种互补资产，其中技术与客户资源是两种典型的互补资产。企业的互补性包括共享、互补、与整体一致等方面。

企业的发展一方面要看大的发展趋势，另一方面还要看内部资源、能力建设以及是否与外部环境相匹配。内部与外部是否匹配，一个重要的环节是对时机的判断和战略节奏的把控。正如欣旺达创始人王明旺先生所言："做企业时机真的挺重要。做这个行业时间久了，会有一种理解。早期投资的企业，大部分没有很大的发展，就是时机、国家政策、技术路线三个方面没有把握好。"如电动汽车电池行业的企业 A123，公司拥有麻省理工学院的技术、豪华的管理和技术团队，产品也还不错，但是最终做的并不是特别理想，其中一个重要原因就是因为他们做得相对较早，前期投入较大，而市场发展的速度相对较慢，企业的资金不足以支撑企业发展到市场爆发的阶段。对欣旺达而言，无论是电动汽车，还是储能业务，都面临这样的问题。欣旺达采取的是稳健发展的策略，先在研发中心孵化，根据市场的机会再把两块业务设为事业部，随着市场的发展，在 2015 年和 2016 年分别把两块业务放到相对独立的子公司，从而尽可能平复市场的风险。然而，挑战还是比较大。以储能市场为例，连续多年都被认为是储能市场的元年，然后，到 2019 年为止，储能市场仍然没有爆发，还处于科技示范到商业示范的阶段，属于大规模商业化的前夜。

本书第 4.1 节将欣旺达的发展分为早期探索、一体化发展、多元化发展、平台化筹备等几个阶段，第 4.2 节进一步分析说明了企业对市场机会的判断和把握是通过管理认知和实践中的反馈来完成的，整个发展过程是一个不断尝试和调整的过程，企业的战略和业务随着环境的变化不断变化。同时，如第 5 章第 5.1、5.2 节所述，组织管理体系及企业的各要素，随着企业战略和业务的发展变化而不断发展、变革和演化，同时，又反作用于战略和业务，有时体现为支持，有时则是一种制约。由此，可以得出以下命题：

命题 7： 企业的相关多元化战略实施进度依赖于对市场机会与节奏（时机）的判断和把握，组织与战略和环境的变化体现出共同演化的特点。

如本书第 4 章所述，在公司原有 3C 业务的基础上，通过共享资源创建了新的业务，在新的业务发展的过程中，又会创建新的资源和能力，这些资源和能力又可以和已有的业务之间产生共享和互补。不同业务领域专利技术之间的共现也说明了不同的领域具有技术共用的可能性。然而，实际当中有没有进行共用、共享或发挥互补作用，还取决于很多因素，比如组织结构与流程的设计、团队的组建、内部交流机制的建立等。比如，有的业务之间，存在共现的专利技术比例较高，在人员和技术方面实际上共享的也比较多；有的业务之间专利技术共现的比例较高，实际上交流共享的比较少，尤其是针对后来新组建的部门。这就说明新创建的资源和能力还需要组织创新和管理协调才能够很好地融入整个组织当中。另外，在第 5 章第 5.1、5.2 节的分析中也发现，有的时候是组织在被动响应业务发展，有时是组织先行促进业务发展，新发展的业务需要有合理的组织作保障才能够顺利发展。由此，可以得出以下命题：

命题 8： 企业进入新产业中创建的资源需要通过组织创新融入整个组织体系中。

通过第 4 章和第 5 章的分析发现，整个组织发展的过程体现在两个方面：一方面，通过技术的积累、客户的开拓以及相关资源和能力的构建，从原有业务领域逐步进入新的领域，体现为一个业务拓展的过程。另一方面，随着业务的多元化发展，公司的技术和业务越来越多，公司的组织系统也越来越复杂，公司管理协同的复杂程度越来越高。这就要求，一方面，要不断地积累技术等核心能力，抓住客户和市场机会，以开拓业务；另一方面，要在资源能力合理布局的基础上，加强广泛存在的互补性管理，包括共享、互补与整体的一致，从而更好地实现业务协同与管理协同。业务协同是实现互补的过程和手段。由此，可以得出以下命题：

命题 9： 业务拓展与业务协同是企业实施相关多元化战略互补性的两个基础活动，业务拓展范围越宽，对业务协同的要求就越高。

在欣旺达整个发展的过程中，做过很多种业务的尝试。早期的一些尝试如服装厂、酒楼的业务，后来放弃了。这些业务和原有业务的关联性不大，属于不相关多元化。由于企业当时还处于初创期，不具备这些行业的经验和资源，同时，企业的管理能力和管理人员的储备也是不够的，因此，最终放弃了这些业务。后来逐步聚焦到锂电及 3C 业务后，也做过一些和电池或 3C 客户相关的业务尝试，有的取得了成功，形成了今天的业务发展格局，也有的业务调整或转让了。究其原因还是由于没有合适的人员，以及当时的组织管理和相关的机制不到位而造成。随着公司规模的壮大，企业的管理能力不断提升，激励机制不断创新和完善，人才的储备也比原来充足了很多，有能力去抓住更多的市场机会。但是，从长远意义上说，任何一个企业都有自己的独特使命和生命周期。企业的发展总会有一定的边界限制，这里面有业务规模和周期的边界、政策法规的边界，但是更核心的是企业的资源与管理能力的储备以及与环境的适应，从而决定了企业的业务边界。

之前的很多研究通过统计不同程度多元化企业的绩效来试图说明多元化或相关多元化与绩效的关系，这就导致了对多元化绩效的争议，以及对多元化和专业化战略的分歧，其实这仅在统计概率上具有一定的启示意义。针对现实当中的一个具体企业而言，还是要综合看其面对的内外部因素。如对通信行业而言，爱立信、摩托罗拉、诺基亚等都只在某一个业务领域成功了，而华为却在针对运营商（To B）和消费者（To C）两个领域都获得了成功。我们可以找出很多不相关多元化成功的案例，也可以找出很多相关多元化失败的案例，这就说明背后还有别的更重要的影响因素。本书认为这就是资源的积累与管理能力。

在欣旺达发展的过程中，从原来的手机 PACK 业务进入到电芯领域，以及进入电动汽车电池系统及储能集成业务，其实是作出了很大的跨越。但是随着自身资源的积累和管理能力的提升，可以通过自建、并购、合作等多种方式去获得相关的能力从而进入相关的业务领域。所以，这里并不存在一个绝对的专业化或多元化谁正确的问题，而是随着自己能力的积累而在适当的时机作出选择进行突破的问题，尤其是在面临很多技术变化和新商业机会的今天。一方面要进行资源和能力的积累；另一方面要抓准时机，关键的时候要敢于跳一跳，去拓展更多的领域，当然，最好这些领域和过去的技术、市场和管理的积累是相关的。因此，企业的边界也不是一成不变的，而是一个动态拓展和择机跃迁的过程。在专业化和多元化之间其实是有第三条道路的，相对而言，在适当的时机，基于资源和能力的准备进行相关多元化而去拓展业务边界，成功的概率会比较高一些；而过度的保守则可能也会因为陷入专业化的舒适区形成的困局而错失发展的良机；盲目的扩张，会因为不具备相应的资源、能力（包括管理者的认知与决策能力）而缺乏竞争力。所以，对时机的理解和对发展节奏的把握就显得很重要。

由此，可以得出以下命题：

命题 10： 相关多元化战略的业务边界取决于企业的资源准备与管理能力，包括互补资产的积累、时机的把握和管理协同的能力。

总之，企业的整体互补一致（包括内外部因素），决定了最终的绩效。企业发展是一个根据市场机会，不断迭代并打造核心能力的过程。这就需要建立基于一定目标、定位而又互补一致的资产、能力、业务和管理系统。

5.4　组织与战略协同演化的变革成效

经过一系列发展变革，欣旺达营业收入逐年快速增长，尤其是上市之后，进入发展快车道，相关财务指标表现优良。以下将分别进行说明，分析过程中所采用的基础数据均来自已公告的欣旺达年报。

1. 收入变化趋势

欣旺达营业收入逐年快速增长，2018 年营业收入达到 203.38 亿元， 2010—2018 年的销售收入增长如图 5.8 所示。

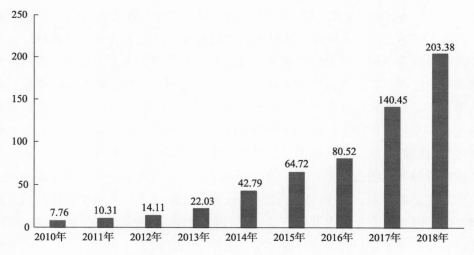

图 5.8　2010—2018 年欣旺达营业收入（单位：亿元）

资料来源：根据公司年报整理自行绘制

欣旺达利润稳步增长，2018 年，利润达到 7.01 亿元，2010—2018 年利润增长如图 5.9 所示。

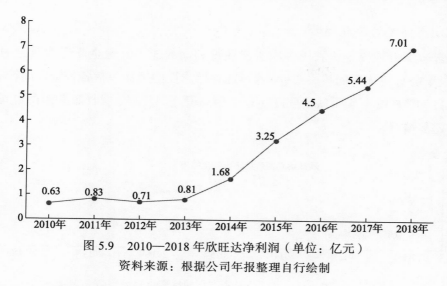

图 5.9　2010—2018 年欣旺达净利润（单位：亿元）

资料来源：根据公司年报整理自行绘制

2. 毛利率、净利率变化趋势

毛利率代表了企业经营过程中的最初获利程度，毛利率越高，企业后期最终能够取得盈利的可能性就将更大，说明产品越具备市场竞争力。净利率是净利润占总收入的比重，代表企业从经营活动中最终获得的利益，净利润越高，说明企业盈利能力越强。图 5.10 反映了欣旺达近 8 年毛利率和净利率的变动情况，可以看出，欣旺达毛利水平整体平稳，在 15%~20%左右波动，说明产品竞争优势可持续，但呈下降趋势；净利率有所下降，从 2011 年的 8.04%降至 2018 年的 3.5%，说明在此期间毛利率有所下降，研发支出比例上升，尤其在电动汽车产业的投入，压缩了利润空间。

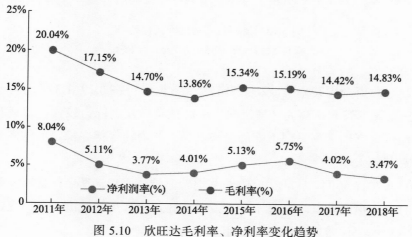

图 5.10　欣旺达毛利率、净利率变化趋势

资料来源：根据公司年报整理自行绘制

3. 营运能力变化趋势

营运能力是说企业利用各项资产获得利润的能力，是企业运营质量的体现，是财务分析体系的核心指标。营运能力标志性的指标包括各种资产周转率，图 5.11、图 5.12 分别反映了欣旺达近 7 年总资产周转率、应收账款和存货周转率的趋势情况。

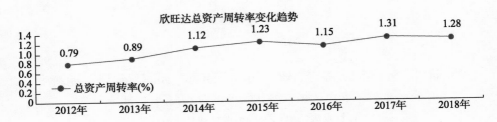

图 5.11　欣旺达总资产周转率变化趋势

资料来源：根据公司年报整理自行绘制

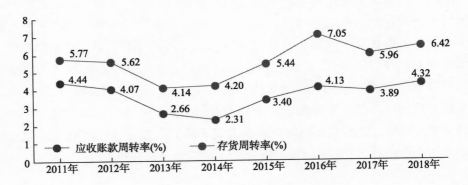

图 5.12　欣旺达营运能力指标趋势

资料来源：根据公司年报整理自行绘制

欣旺达总资产周转率呈波动上升态势，数据维持在 0.79~1.31，与行业平均 0.8 相比周转率较高，高周转率反映出欣旺达资产获利能力较强，营运状况较好。非流动资产周转率呈现下降的趋势，总资产周转保持在稳定的状态下，总体变动趋势不大。

2011—2018 年间，欣旺达应收账款周转率维持平稳态势，存货周转率稳中有升，且在锂电行业处于较高水平，说明欣旺达资产周转速度正常，在资产快速增长的同时仍注重资产的有效利用。

4. 偿债能力变化趋势

资产负债率反映企业的长期偿债能力。从图 5.13 近 8 年数据看，欣旺达 2011 年刚处于上市阶段，募集资金较多，且业务量较小，资产负债率处于 20% 左右，后期随着业务量增加，资产负债率处于 42%~76%，在 2017 年上升至最高点76%之后，2018 年有所下降。总体来说，负债率水平较高，这也说明了公司正在进行积极的业务扩张和布局，但要注意风险的控制。

图 5.13　欣旺达资产负债率变化趋势

资料来源：根据公司年报整理自行绘制

5. 综合财务指标变化趋势

图 5.14 展示了近 8 年来欣旺达净资产收益率（ROE）指标。ROE 综合反映企业的盈利、运营、偿债能力水平，2011—2015 年期间欣旺达 ROE 水平在 6%~11.56% 之间，但从 2015 年开始在 20%以上波动，2018 年由于净利率略有下滑和减少财务杠杆等原因，ROE 水平下降到 14.8%，但绝对值仍处于行业中上等水平。

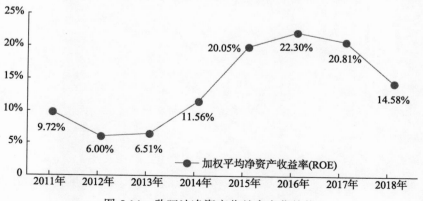

图 5.14　欣旺达净资产收益率变化趋势

资料来源：根据公司年报整理自行绘制

　　本节的数据分析显示，通过公司战略与业务的发展、组织管理变革与创新两方面以及多种因素的协同发展，欣旺达持续健康发展，业绩也持续增长。但由于技术的积累与研发的持续投入，以及在不断向新的业务领域拓展的过程中，相关的投入不断加大，不同的业务处于不同的产业周期以及业务发展阶段，部分指标出现了短期内的波动或下滑，但这也正是为长期的发展所作出的布局和准备。因此，总体上取得了比较显著的发展和变革成效。当然，发展总是一个不断打破旧有平衡，建立新平衡的过程，总会伴随各种问题的出现，也正是对这些问题的把握和超越，才提升了组织能力，拓展了新的业务领域。

第 6 章

研究结论与展望

本章对互补与协同的关系进行了讨论，认为互补与协同本身也是互补的。同时，对研究结论进行了总结，并说明了本研究的局限和对未来研究的展望。

6.1　互补与协同的互补性

本书在分析的过程中参考和借鉴了很多之前的概念和理论，但是最终结论的形成主要是通过对案例的层层分析，以及归纳总结而得出的。在研究的过程中一直面临着这样一个困惑：就是互补与协同概念之间的关系问题。究竟这两个概念谁的位阶更高？是平行的还是互补的？如果在文献中看到的解释还不够具体或相互矛盾，那么在实践中也很难去辨别和区分。

从理论发展的脉络来看，协同学属于系统科学的一部分，此外还包括系统论、控制论、信息论、耗散结构论、突变论等学科。一般认为系统论的创始人是美籍奥地利生物学家和哲学家贝塔朗菲（Bertalanfy，1901—1972），他的工作旨在确立适用于系统的一般原则。协同学是由德国著名的物理学家哈肯（Herman Haken，1976）创立的一种系统理论。协同学研究各种不同的系统从混乱无序状态向稳定有序结构转化的机理和条件。系统从无序到有序是由系统的固有属性即系统内各个子系统的协同决定的，协同导致有序。

Ansoff(1965)最早将协同的概念引入企业多元化战略研究中，并将多元化的协同效应归因于企业内部有形和无形资源的共享与充分利用。国内外大部分学者将协同效应归因于"共享"（Martin，2002）的概念，少数学者如 Teece（1986）开始意识到互补的重要性，将协同与互补资产联系起来。

此外，还有一些视角的研究也是与协同相关的。现代管理理论之父、系统组织理论创始人切斯特·I. 巴纳德（Chester I. Barnard）抓住了组织是一个社会系统这一核心理念，将组织界定为"一种有意识地协调两个或两个以上人的活动或力量的系统"，希望提出一套有关正式组织中合作行为的综合性理论。Henry Mintzberg（2007）在其经典著作《卓有成效的组织》一书中提出了五种协调机制：相互调节、直接监督、工作流程标准化、工作输出标准化、员工技能标准化。

因此，协同的概念内涵比较宽泛，它是从一个系统的、整体的视角提出的概念，包含了整体效应、资源的共享、协调、合作等；在某种意义上，整个组织与管理学都是在研究和解决这些问题，就是如何去提高组织系统的效率。

互补是从另外一个角度提出的概念。1927 年丹麦物理学家波尔提出了"互补原理"用于揭示量子现象的主要特征：波粒二象性。波尔认为微观粒子同时具有相互排斥的两种性质：波动性和粒子性，在实验中无法用一种统一的图像对这两种现象进行完整的描述，然而波动性和粒子性对于描述量子现象又缺一不可，必须把两者结合起来才能形成完整的描述。互补原理中强调对立中求统一，互斥中找互补，这本身就具有深度的哲学思辨性。互补原理综合了对立统一的思想、辩证法思想，前人的理论成果以及波尔自己的科学实践与成果，这本身就是一种综合，综合即创造。波尔认为，互补是一个普遍的哲学原理。

本书的互补性是指一项活动的增加（加强）会带来另一种活动收益的增加。这个概念比 Teece 互补资产的概念要大一些。

综上所述，管理学中协同与互补的概念都是来源于物理学、经济学等其他相关学科，在中西方古代的文化中就有这种朴素的思想。但由于概念提出的背景、使用的领域、研究的视角的不同，概念的内涵和外延和历史沿革都存在一定的差异，但它们都期待解决整个组织系统的效率最高、效用最大化的问题。

相对而言，协同侧重于从整个系统的角度出发来看待如何才能够使整体效率更高，因此，包括资源的共享与充分的利用，通过组织系统以及领导力等因素来解决协调与合作的问题。而互补性更侧重于从系统的组成部分之间的异质性、相互依赖性、对立统一性、辩证性的角度来揭示系统内部相互作用的本质联系。

两个概念之间虽有区别，但不是完全割裂或相互独立的。比如在第 4 章的分析中，新老两种业务之间存在资源的共享，这种共享是协同的主要方式之一；但是也正因为这两种业务之间可以实现资源的共享，就可以看到两种业务之间存在互补性，一种业务使用了某种资源，同时也会让另外一种业务享受到成本降低或规模经济的利益。从互补的角度来看，除了核心技术之外，营销资产等互补资产的配置可以产生互补效应，但是从整个组织系统的角度来看，这种互补效应也是一种协同效应。

互补和协同的研究，都需要去揭示要素之间、要素和系统之间广泛存在的联系。组织作为一个人工系统，就是一个通过联系创造出具有新的功能以满足客户或人们需要的系统。协同更侧重于如何将现有的资源充分利用好，互补性分析除了将现有的资源充分利用好之外，还要有目的地、前瞻性地去规划和布局组织未来需要的互补性资源和能力。协同注重于规模经济、成本降低与管理效率，互补性更面向未来企业的业务拓展与价值创造。

正如波尔在分析量子现象时发现波动性和粒子性是两种互补的特性从而完整地去理解事物的本质一样，本书认为互补和协同之间也存在一定的互补性。

从概念上来辨析互补和协同往往有一些抽象，而且不太好理解，但当我们放到一个具体的情景中来看时，就会发现相对比较清晰，而且可操作。本书第 4.3 节从互补性的角度对公司内部存在的各种联系进行了详细的分析与总结，包括共享、互补、与总体的一致，说明了企业内部广泛存在的互补性。本书第 5.3 节对互补性机制的形成过程进行了分析，从而揭示了互补性机制形成的机理和方法，说明了如何通过资源的共享实现新业务的拓展，通过业务协同和组织创新将新创建的互补资产融入到整个组织体系，从而积累了异质的、独特的、互补的资源和能力，实现企业整体的协同效应。

6.2　中国传统文化中的互补思想

互补的思想在东西方的文化中早已存在。在西方，毕达哥拉斯及其学派从对立的角度提出了十组概念，包括：有限与无限、奇与偶、一与多、左与右、雌与雄、动与静、直与曲、明与暗、善与恶。赫拉克利特提出"在圆周上，终点就是起点"的观念，并以一条河流的"流变"表达了相辅相成、对立统一的朴素思想。在东方，互补的思想更是广泛存在于各个领域。

据考证，大约公元 6 500 年前中国远古时代的伏羲发明了八卦。伏羲通过对自然界和人的观察，悟到了世界运行变化的道理，创立了八卦符号系统，用来象征和模拟这些现象和变化。"爻"是八卦的基本元素，其意思是相交。"—"表示阳爻，"——"表示阴爻。八卦的卦名代表了八种自然现象，分别是：天与地、风与雷、水与火、山与泽。八卦通过爻的这种对立统一的关系，实现了对事物整体及本质的理解和把握。随着文字的出现，八卦演变为六十四卦的《易》。古体的"易"字就是日与月的结合，形象地体现了阴阳两个方面对立统一的辩证思想。

《易经》的作者相传是周文王。《易经》不仅用一套复杂的符号和数字系统揭示了事物的变化规律，还通过文辞清晰地表达了这一辩证哲理，使其成为中华民族重要的思想源泉和精神支柱。在老子之前，中国有一位叫史墨的学者，提出"物生有两"的思想，就是认为事物无不因其对立面而存在，这是中国最早的"一分为二"的理论，是辩证思想的萌芽。老子将他们的辩证思想和《易经》的辩证思想融为一体，悟出了"道"的理念，认为阴阳二气的变化就是对立面相互作用的根本属性，而这些对立面的变化规则就是"道"，而"道"就是世界的本原。老子在《道德经》中提出"道生一，一生二，二生三，三生万物"。"道生一"就是无中生有的过程，是由无物、无具体之物到有物的一个逐渐演化的过程。"一生二"，即一分为二，"二"指的就是阴和阳，阴阳是对一切事物对立面的根本属性的概括。"二生三"，那么阴阳怎么生出第三者呢？"万物负阴而抱阳，冲气以为和"，阴阳通过冲和的相互作用而使它们融合为第三个方面，这样就完成了二生三的过程，奠定了三生万物的基础。"冲"是对立双方向对方转化所表现出的动力和势。

在老子的《道德经》中，我们可以看到很多互补的言论。如"天下皆知美之为美，斯恶已；皆知善之为善，斯不善已。故有无相生，难易相成，长短相形，高下相倾，音声相和，前后相随"。以及我们熟知的"大巧若拙""大音希声""大象无形"。它们本是彼此相异、相互排斥，甚至矛盾、对立的关系，但在表达某种特定事物的概念时和它的对立面形成了统一性，彼此相互依存、相互包含，相互渗透、融合，达到了一致。黑格尔也曾指出，老子思想的特质是思辨哲学。

孔子在《论语·子罕》中说"叩其两端"，意思是遇到问题，从两个方面来考虑，问题就解决了。庄子在《齐物论》中说到"欲是其所非而非其是，则莫若以明""物无非彼，物无非是"。"是"与"非是"表面上是极端相反的，其实又是相辅相成的，没有"是"，哪来的"非是"。可见，把相互对立的两面联系起来，才能全面、完整地认识客观对象。

《周易·系辞》中说："一阴一阳谓之道"，把阴阳交替视为宇宙的根本规律。阴阳在对立互补的动态关系中成为一体。他们互为根基、相互对立、相互消长，到达一定的极限后相互转化，这本身就是一种互补的思想，反映了动态流变的过程。

李泽厚在《美的历程》中谈到，儒道互补是两千多年来中国思想的一条基本线索。儒家和道家一个正名，一个无名；一个入世，一个出世；一个有为，一个无为；一个乐观进取，一个消极隐退。这些看起来对立的观念，实际上刚好相互补充而得以协调。互补强调的是对立面之间的相互渗透、协调与融合，而不是排斥、冲突与对立。正是有了这些对立互补的思想，才孕育了中国历史上繁荣的文化，产生了"天人合一"的整体观思想，以及传统的中国式"辩证逻辑"。

李约瑟在《中国科学技术史》中写道：当希腊人和印度人很早就在研究形式逻辑的时候，中国人一直倾向于发展辩证逻辑；当希腊人和印度人在发展机械原子论的时候，中国人则发展了有机宇宙的哲学。这也道出了东西方思维方式在根源上的互补性，西方更强调形式逻辑，中国人更倾向于系统观。维特根斯坦曾经说过：一个人选择了什么样的语言，就产生了对应的思维方式，并直接作用于生活方式。

周敦颐的《太极图说》中写道："无极而太极。太极动而生阳，动极而静，静而生阴，静极复动。一动一静，互为其根。分阴分阳，两仪立焉""易有太极，而生两仪""二气交感，生化万物。万物生生，而变化无穷焉"。

中国人将"太极"、阴阳、五行（金木水火土，相生相克）等基本概念和思想广泛地应用到各个领域，比如医学、太极拳、书画、风水、兵法等。这些概念和思想在今天看来有一些抽象，但是它却深刻地反映了事物的一些本质特性。

6.3　总结与结论

企业的发展是各种因素协同演化的过程。但是单一的因素或仅仅是两个因素之间的关系往往很难说明企业为什么能够获得持续的发展，为什么一些企业好过另外一些企业。

比如，技术往往是企业发展的一个关键因素，但是仅用技术这一个因素不能解释美国的企业发展起来，而英国的企业消亡了的现象。Teece（1986）用互补资产来解释了技术创新如何才能更好地商业化的问题，Chandler（1961）在《战略与结构》一书中用战略与组织的关系解释了企业的发展，尤其是形成了组织跟随战略的命题，但是有清晰的战略，有良好的组织设计就能成功吗？很多咨询公司和公司高管都能针对这两个问题给出很好的方案，但是为什么最终还是不能够让企业成功呢？

企业的竞争力不是由单一的业务单元、单一的一两种特殊技能，或单一的一两个行为就可以发展出来的，核心竞争力其实是一种综合能力，依赖于公司各种资源、能力、活动、认知以及与外部市场机会和国家政策的协调一致。

本研究通过对多元化战略、协同、互补、创新、组织变革等方面文献的回顾，以及对欣旺达发展历程、公司战略、多个板块的业务拓展、互补性、组织变革与创新过程的研究，从过程、内容、关系、机制等方面形成了本书的结论和命题。

相关多元化企业的发展过程是怎样的？本书在对业务拓展过程和组织变革与创新过程细致分析的基础上，归纳了欣旺达协同演化的过程及要素，并从不同阶段的要素分析和不同要素的发展分析两个方面说明不同要素之间是如何随着时间的变化相互关联和演化发展的，从而进一步形成了企业整体协同演化发展模型，将企业相关多元化发展的过程概括为四个阶段，形成了相关的命题。

相关多元化企业互补性机制是如何形成的？本书对资源与能力的互补与共享、认知、时机、相关多元化等进行了分析。然而，进一步的分析发现：更重要的是企业不同业务及活动间，以及组织与业务之间广泛存在的互补性，正是这种互补性造成了组织和业务发展的张力和动力，从而形成了一种推动企业良性循环的机制。本书将用互补性机制的形成来解释最根本的原因，并得出了企业互补机制形成的过程模型及命题。

总体而言，企业在协同演化的过程中，逐步形成了互补性机制，形成了相关多元化企业的竞争优势，从而推动企业取得良好的绩效。本书还对互补与协同的概念及其关系进行了澄清。本研究认为互补与协同本身也是一对互补的概念。同时，本书在第4章中通过案例说明了互补的具体内涵、模式及机制，在具体情境中进行了可操作性定义和区分，从而还原了问题的实际情况和本质特征。从中国古代的阴阳互补到波尔的波粒二象性，以及在不同学科中赋予的更具体的意义，互补性是一个可以上升到哲学高度和具有普遍意义的概念，代表着一种分析和看待问题的方法论。尤其在互联网、物联网兴起、万物互联的今天，对于如何构建有竞争力的企业，互补性值得关注和结合企业的实际情况重新审视。

互补性是基于异质性的，不同的事物之间才可能产生互补，这种互补一方面表现为对立、矛盾和冲突的，另一方面又相互吸引、相互依赖、相互融合，并在适当的时机和条件下相互转化。当我们以此来类比企业里面存在的各种情况时，似乎也是相同的道理。比如企业的新老业务之间，随着产业和企业的发展，强弱关系也在不断地更替和转换。不同的业务之间，可能在占用公司资源方面存在对立和矛盾，但也可能产生资源的共用，在作为一个整体共同服务客户时体现出更强的服务能力和竞争能力。在企业相关的各种因素之间，我们也可以发现对立统一和动态演化的关系。在企业里面我们可以有目的的、基于一定的战略和文化导向来规划和布局互补性的业务、活动和资产，从而更好地构建企业的竞争能力，完成企业的绩效目标。而相关多元化企业，由于其业务的相关性，如果能合理地规划和利用好互补性特性，必将有助于企业绩效的提升。

6.4　研究的创新点与不足

本研究的主要创新点有以下几个方面。

（1）本书采用过程研究的视角，通过深入剖析和比较案例企业不同阶段的产品、技术、市场和组织结构等要素，阐述了企业相关多元化发展的动态过程中多种因素相互协调、协同演化的作用，这对前期相关多元化研究领域主导性的方差研究视角是一个有益的补充。在研究方法上，本研究是从内部人视角来进行的长期观察与案例研究；相较于外部视角的方差研究，本书对企业发展的过程、多种因素及其相互关系和机制进行了深入细致的分析，较好地还原了案例的情景，确保其真实可靠。

（2）本书将企业的发展分为四个阶段，揭示了企业的成长过程，这样有利于我们将多元化的概念放在成长过程中来看待，而不是孤立地、静态地去研究。在阶段划分的基础上，本书分析了不同阶段的相关因素，以及它们之间的互动关系，提出了企业整体协同演化的发展模型，明确了每个阶段的关键命题与重点任务，从而揭示了相关多元化企业的成长规律。这有利于理解各种因素之间是如何在过程中相互影响和互动的，对处于不同发展阶段的企业具有一定的参考意义。

（3）本书提出了解释企业相关多元化形成过程的概念模型，通过案例分析阐述了企业多元化成功的基础因素。例如，除了核心能力的构建外，时机的把握是非常重要的，适当的时机可以促成要素之间相互作用的效用最大化，这点在前期相关多元化的实证研究中也是经常被忽视的。过去经常是从静态的视角来进行研究，而时机的引入则一下将整个战略发展置于一种动态的选择之中。正如欣旺达创始人王明旺先生所言："做企业时机真的挺重要。做这个行业时间久了，会有一种理解。早期投资的企业，大部分没有很大的发展，就是时机、国家政策、技术路线三个方面没有把握好。"对欣旺达而言，无论是电动汽车还是储能业务，都面临这样的问题。欣旺达采取的是稳健发展的策略，先在研发中心孵化，根据市场的机会再把两项业务设为事业部，随着市场的发展，在2015年和2016年分别把两项业务放到相对独立的子公司，从而尽可能平复市场的风险。当然，挑战还是比较大。

（4）本书通过对案例企业的动态分析剖析了建立在不同资源基础上的互补性机制，并以此作为解释企业相关多元化形成的核心概念，从而揭示了相关多元化企业构筑核心竞争力、获得良好的绩效的深层原因和过程机制。增效过程除了通过资源共享进行业务拓展外，还需要通过业务协同和管理协同才能体现。资源和能力的准备以及时机把握是企业实现相关多元化的两个关键问题，决定了企业的业务边界。多元化研究发展到今天，理论界已基本达成共识：多元化是企业成长的一种途径，然而，多元化的绩效（究竟是折价还是溢价）还是存在许多争议，企业多元化过程中互补性形成的过程并不清晰，从案例研究的角度解释多元化对企业绩效影响机制的文章较少。Gautam Ahuja 和 Elena Novelli（2017）认为，为了更好地引导管理者，文献需要沿着互补的道路发展——尽管过去的研究往往侧重于回答多元化是否影响公司绩效这一重大问题，但第二条路径将更侧重于识别多样化增加或减少价值的精确微观机制。过去的研究很多是基于两个变量之间的关系来进行分析和验证，但是并不能很好地解释过程是什么以及各种要素之间的相互作用是怎样发生的，这样就导致了对多元化绩效的很多理解不一致和产生了争议。因此，本书通过个案的深入分析，通过微观机制的探寻，对于解释前期研究中关于多元化对企业绩效影响的不同结论具有重要的意义。

（5）本书指出了组织变革在企业相关多元化发展过程中的支撑性作用，说明了战略与组织之间的互动关系。正如前述命题所指出的，企业进入新产业中创建的资源需要通过组织创新融入整个组织体系中；业务拓展与业务协同是企业实施相关多元化战略互补性的两个基础活动，业务拓展范围越宽，对业务协同的要求就越高。而这些都依赖于企业在不同发展时期根据业务多元化所进行的组织结构变革和创新。Chandler（1962）在《战略与结构》一书中对美国大型企业战略与结构的演化分析得出结构跟随战略的结论。雷蒙特·E. 迈尔斯和查尔斯·C. 斯诺（2006）在《组织的战略结构和过程》一书中提出"适应性周期"的观点。适应周期阐明了特定战略条件的选择活动如何从本质上决定了技术和能力的结合；而这些选择反过来又影响着组织结构和行政过程如何设计；而且，适应周期还显示了为适应技术需要而选择的结构和过程如何制约了未来的战略决策。本研究从业务拓展与业务协同两个方面进行分析，丰富了对组织和战略之间互动关系的理解。例如分析发现在不同的情况下，战略与组织的关系可能是不一样的：有时是提前进行业务规划，推动组织的进步；有时是提前进行组织规划，推动业务及相关要素的进步。欣旺达在早期是业务布局带动了事业部制的发展；在事业板块化发展阶段，公司对几大业务板块的组织架构设计，向公司员工传递了未来业务发展的信息，并基于此来进行人员、资源和能力的配置，从而推动了公司新业务的发展和进步。而战略与组织之间的相互关系并不仅仅停留在概念上，通过业务拓展创建的资源又通过组织创新融入原有业务和整个组织体系，两者其实是一种相辅相成的动态关系，关键是两者之间的匹配性。

本研究取得了一些成果，但也还存在很多不足：

（1）由于本研究尝试从系统的、多层级、多维度、过程的视角来进行分析，因此，会显得内容有一些庞杂。它们之间是相互关联的，共同构成了一个企业的整体，但是由于关联的维度较多，在分析的过程中，未必能够完全展示出来。

（2）尽管本研究属于一个企业内嵌套多个案例的研究，但是所涉及的还只是一家集团企业，难免具有一定的局限性，还需要进一步的检验和论证。

（3）笔者在案例企业有超过十年的工作经历，这一方面提供了很好的观察机会，但是同时也会有主观判断和经验主义的影响，希望未来有更多的独立研究者来进行探讨和纠偏。

6.5　未来研究展望

基于以上研究的不足，笔者提出了未来的研究展望：

（1）将来可以研究更多的企业，尤其是对不同行业的企业进行研究，对相关的命题进行进一步验证。

（2）可以采用定量研究的方法，对以上提出的命题进行进一步的检验。

（3）在技术不断发展的今天，尤其在互联网、物联网、大数据、人工智能等技术背景下，企业的组织形态正在发生新的变化，比如平台型、网络型组织的兴起，那么在这样的组织形态变化的背景下，企业多元化的发展又有什么不一样呢？相关的影响因素、过程和机制发生了什么变化？这些都可以作为未来的研究课题。

附录 名 词 释 义

OEM：（Original Equipment Manufacturer）原始设备生产商，也称为定点生产，俗称代工（生产），按原单位（品牌单位）委托合同进行产品开发和制造，用原单位商标，由原单位销售或经营的合作经营生产方式。

ODM：（Original Design Manufactuce），原始设计制造商，可以为客户提供从产品研发、设计制造到后期维护的全部服务，客户只需向 ODM 服务商提供产品的功能、性能甚至只需提供产品的构思，ODM 服务商就可以将产品从设想变为现实。

PACK：电池的包装、封装和装配。

BMS：电池管理系统，主要针对电池的监测、评估、保护和均衡。

EMS：能量管理系统，包含了数据采集、网络监控、能量调度和网络数据分析等功能和用途。

PCM：（Protection Circuit Module）保护电路模块。

SMT：是一种表面贴装技术，它是一种将无引脚或短引线表面组装元器件（SMC/SMD），安装在印制电路板（Printed Circuit Board，PCB）的表面或其他基板的表面上，通过回流焊或浸焊等方法加以焊接组装的电路装连技术，其主要工艺包括印刷、贴片、焊接、检修等。

ERP：（Enterprise Resource Planning）企业资源计划系统的简称；是指建立在信息技术基础上，集信息技术与先进管理思想于一体，以系统化的管理思想，为企业员工及决策层提供决策手段的管理平台。

MES：（Manufacturing Execution System）生产制造执行系统的简称；旨在加强生产计划的执行功能，把生产计划同车间作业现场控制通过执行系统联系起来，记录生产过程中所有产品的生产信息的系统，帮助企业实现生产计划管理、生产过程控制、产品质量管理、车间库存管理、项目看板管理等，提高企业制造执行能力。

OA：（Office Automation）办公自动化系统的简称；利用现代化设备和信息化技术，代替传统手工办公或重复性业务活动，实现对信息资源的高效利用、辅助决策，改善工作环境的系统。

PLM：（Product Lifecycle Management）产品生命周期管理系统的简称；对

产品从创建使用到最终报废等全生命周期的产品数据信息进行管理的信息化系统。

BPI：（Business Process Improvement）流程改进的简称；通过对企业流程的梳理、精简来实施流程化管理与改进。

参 考 文 献

[1] [美]艾尔弗雷德·D. 钱德勒. 战略与结构[M]. 北京天则经济研究所，北京江南天慧经济研究有限公司，选译. 云南：云南人民出版社，2002.

[2] [美]艾尔弗雷德·D. 钱德勒. 看得见的手：美国企业的管理革命[M]. 北京：商务印书馆，2016.

[3] [美]艾尔弗雷德·斯隆. 我在通用汽车的岁月[M]. 刘昕，译. 北京：华夏出版社，2005.

[4] [美]安德鲁·坎贝尔等. 战略协同[M]. 北京：机械工业出版社，2000.

[5] 布莱恩·阿瑟. 技术的本质[M]. 曹东溟，王健，译. 杭州：浙江人民出版社，2014.

[6] 布莱恩·阿瑟. 复杂经济学[M]. 贾拥民，译. 杭州：浙江人民出版社，2018.

[7] 查尔斯·汉迪. 第二曲线[M]. 苗青，译. 北京：机械工业出版社，2017.

[8] 查尔斯·汉迪. 组织的概念[M]. 方海萍，等译. 北京：中国人民大学出版社，2006.

[9] 陈向明. 社会科学中的定性研究方法[J]. 中国社会科学，1996(6).

[10] 陈向明. 质的研究方法与社会科学研究[M]. 北京：教育科学出版社，2000.

[11] 蔡新蕾. 企业互补资产与技术商业化[M]. 北京：社会科学文献出版社，2017.

[12] [美]彼得·德鲁克. 变动世界的经营者[M]. 林克，译. 北京：东方出版社，2010.

[13] [美]彼得·德鲁克. 创新与企业家精神[M]. 蔡文燕，译. 北京：机械工业出版社，2009.

[14] [美]丹尼尔·A. 雷恩. 管理思想的演变[M]. 李柱流，赵睿，等译. 北京：中国社会科学出版社，1997.

[15] 邓斌. 华为成长之路：影响华为的 22 个关键事件[M]. 北京：人民邮电出版社，2020.

[16] [美]邓新明，刘禹，Munkhbayar Khishigdelger，等. 管理者认知视角的环境动态性与组织战略变革关系研究[J]. 南开管理评论，2021，24(1)：62-73.

[17] 范建平. 基于企业生态的管理学研究纲领[M]. 北京：科学出版社，2012.

[18] [美]樊尚·迪克雷. 华为传：发展历程与八大战略行动[M]. 北京：民主与建设出版社，2020.

[19] 冯友兰. 中国哲学简史[M]. 北京：北京大学出版社，1985.

[20] [美]哈肯. 协同学导论[M]. 张纪岳，郭治安，译. 西安：西北大学出版社，1981.

[21] 韩鹏杰. 《道德经》说什么[M]. 南昌：江西人民出版社，2019.

[22] 何传启，张凤. 知识创新[M]. 北京：经济管理出版社，2001.

[23] [美]亨利·明茨伯格. 卓有成效的组织[M]. 魏青江，等译. 北京：中国人民大学出版社，2007.

[24] [美]亨利·明茨伯格，布鲁斯·阿尔斯特兰德，约瑟夫·兰佩尔. 战略历程（修订版）[M]. 北京：机械工业出版社，2006.

[25] 黄聪、刘青林. 基于战略成本管理的我国低成本航空竞争战略研究：以春秋航空公司为例[J]. 经济研究参考，2017，47：88-104.

[26] 黄光国. 社会科学的理路[M]. 北京：中国人民大学出版社，2006.

[27]　黄群慧，等. 世界一流企业管理：理论与实践[M]. 北京：经济管理出版社，2019.

[28]　贾军. 多元化企业运营协同研究[M]. 济南：山东人民出版社，2015.

[29]　贾良定，鲁倩，苏文兵，等. 企业多元化的本土研究理论与方法[M]. 北京：商务印书馆，
2011.

[30]　[美]杰伊·B. 巴尼，德文·N. 克拉克. 资源基础理论：创建并保持竞争优势[M]. 张书
军，苏晓华，译. 上海：三联书店，上海人民出版社，2011.

[31]　井润田，Andrew H Van de ven. 中国阴阳文化视角的组织变革模型：基于 CBG 的案例研
究[J]. 组织管理研究，2014(3).

[32]　井润田，卢芳妹. 中国管理理论的本土研究：内涵、挑战与策略. 管理学报[J]. 2012(11).

[33]　井润田，孙璇. 实证主义 vs. 诠释主义：两种经典案例研究范式的比较与启示. 管理世界
[J]. 2021(3): 198-216.

[34]　井润田. 组织变革管理：融合东西方的观点[M]. 北京：科学出版社，2020.

[35]　凯西·卡麦兹. 建构扎根理论：质性研究实践指南[M]. 边国英，译. 重庆：重庆大学出
版社，2009.

[36]　康荣平，柯银斌. 企业多元化经营[M]. 北京：经济科学出版社，1999.

[37]　[美]克莱顿·克里斯坦森. 创新者的窘境[M]. 胡建桥，译. 北京：中信出版社，2014.

[38]　[美]肯·G. 史密斯（Ken G. Smith），迈克尔·A. 希特（Michael A. Hitt）. 管理学中的伟
大思想[M]. 徐飞，路琳，等译. 北京，北京大学出版社，2016.

[39]　[美]拉姆·查兰，诺埃尔·蒂奇. 良性增长：盈利性增长的底层逻辑[M]. 北京：机械工
业出版社，2018.

[40]　蓝海林. 中国多元化企业的战略管理研究[M]. 北京：经济科学出版社，2008.

[41]　[美]雷蒙特·E. 迈尔斯，查尔斯·C. 斯诺. 组织的战略、结构和过程[M]. 北京：东方出
版社，2006.

[42]　李利霞，黎赔肆. 知识视角下的企业多元化动因研究[J]. 科技管理研究，2009.

[43]　李平，曹仰锋. 案例研究方法：理论与范例——凯瑟琳·艾森哈特论文集[M]. 北京：北
京大学出版社，2012.

[44]　李平，杨政银，曹仰锋. 再论案例研究方法理论与范例[M]. 北京：北京大学出版社，2019.

[45]　李章溢. 中国企业员工绩效管理模型研究[M]. 北京：中国人事出版社，2016.

[46]　[美]理查德·R. 纳尔逊，悉尼·G. 温特. 经济变迁的演化理论[M]. 胡世凯，译. 北京：
商务印书馆，1997.

[47]　刘大椿. 科学活动·互补方法论[M]. 桂林：广西师范大学出版社，2002.

[48]　刘远东. 太极辩证法：现代太极哲学的构建. 北京：九州出版社，2018.

[49]　路江涌. 共演战略：重新定义企业生命周期[M]. 北京：机械工业出版社，2018.

[50]　[美]罗伯特 A. 伯格曼（Robert A. Burgelman）. 战略就是命运[M]. 高梓萍，彭文新，等
译. 北京：机械工业出版社，2004.

[51]　[美]罗伯特 A. 伯格曼，韦伯·麦金尼，菲利普 E. 梅扎. 七次转型[M]. 郑刚，郭艳婷，等
译. 北京：机械工业出版社，2018.

[52]　[美]罗伯特·K. 殷. 案例研究：设计与方法：原书第 5 版[M]. 周海涛，史少杰，译. 重

庆：重庆大学出版社，2017.

[53] [美]罗伯特·M. 格兰特. 现代战略分析[M]. 艾文卫,等译. 北京：中国人民大学出版社，2016.

[54] [美]罗素. 西方哲学史[M]. 何兆武，李约瑟,译. 北京：商务印书馆，1963.

[55] 马浩. 战略管理学说史[M]. 北京：北京大学出版社，2018.

[56] 马浩. 战略管理学 50 年：发展脉络与主导范式[J]. 外国经济与管理，2017，39(7).

[57] 马浩. 战略管理研究：40 年纵览[J]. 外国经济与管理，2019，41(12).

[58] [美]迈克尔·波特. 竞争优势[M]. 陈丽芳，译. 北京：中信出版社，2014(6).

[59] [美]迈克尔·波特. 什么是战略[J]. 商业评论，2013(3)：1-21.

[60] [美]迈克尔·古尔德，安德鲁·坎贝尔，马库斯·亚历山大. 公司层面战略[M]. 黄一义，谭晓青，等译. 北京：人民邮电出版社，2014.

[61] [美]尼尔斯·玻尔. 尼尔斯·玻尔集:物理学以外的互补性[M]. 戈革，译. 沈阳：东北师范大学出版社，2012.

[62] 仁国臣. 系统科学[M]. 高等教育出版社，1994.

[63] 宋旭琴，蓝海林. 我国多元化企业组织结构与绩效的关系研究[M]. 北京：经济科学出版社，2008.

[64] [美]托马斯·W. 李. 组织与管理研究的定性研究方法[M]. 吕力，译. 北京：北京大学出版社，2014.

[65] [美]托德·曾格. 超越竞争优势[M]. 郭海，译. 北京：中国人民大学出版社，2019.

[66] 王晨. 多元化战略、互补资产与流通业上市公司经营绩效关系实证研究[J]. 商业经济研究，2020(21)：30-33.

[67] 王潇娴. 互补设计思维与方法：基于视角传达设计领域的互补设计方法研究[M]. 南京：江苏凤凰美术出版社，2019.

[68] 王毅. 我国企业核心能力实证研究[J]. 管理科学学报，2002(2)：74-82.

[69] [美]维克多·维拉德-梅欧. 胡塞尔[M]. 杨富斌，译. 北京：清华大学出版社，2019.

[70] 维特根斯坦. 逻辑哲学论[M]. 韩林合，编译. 北京：商务印书馆，2019.

[71] 夏忠毅. 从而偶然到必然：华为研发投资与管理实践[M]. 北京：清华大学出版社，2019.

[72] [美]熊彼特·约瑟夫. 经济发展理论[M]. 北京：商务印书馆，1991.

[73] 熊胜绪，方晓波. 互补资产对企业技术创新的影响：基于中国上市公司的实证研究[J]. 经济管理，2010(6)：78-85.

[74] 熊胜绪，方晓波，李宏贵. 基于互补资产的企业技术创新理论与政策研究[M]. 北京：中国社会科学出版社，2014.

[75] 徐娟. 技术多元化、核心技术能力与企业绩效:来自新能源汽车行业上市公司的面板数据[J]. 经济管理，2016：38(12).

[76] 徐淑英，蔡洪滨. 《美国管理学会学报》最佳论文集萃. 第 2 辑[M]. 北京：北京大学出版社，2012.

[77] 徐淑英，井润田，希瑟·道格拉斯. 负责任的管理研究[M]. 北京：北京大学出版社，2018.

[78] 徐淑英，任兵，吕力. 管理理论构建论文集[M]. 北京：北京大学出版社，2016.

[79]　徐淑英，张维迎.《管理科学季刊》最佳论文集[M]. 北京：北京大学出版社，2005.

[80]　徐希燕，罗雨泽. 企业多元化业务的选择和评估模型及其应用实例[J]. 经济管理(6)：65-69.

[81]　徐希燕. 企业多元化战略研究[M]. 北京：中国社会科学出版社，2015.

[82]　杨成寅. 太极哲学[M]. 上海：学林出版社. 2003.

[83]　[日]野中郁次郎，胜见明. 创新的本质[M]. 林忠鹏，鲍永辉，等译. 北京：人民邮电出版社，2020.

[84]　于雅鑫. 美的集团多元化经营战略动因及绩效研究[J]. 会计师，2020(17)：39-40.

[85]　[美]伊戈尔·安索夫. 新公司战略[M]. 曹德骏，范映红，袁松阳，译. 成都：西南财经大学出版社，2009.

[86]　[美]伊戈尔·安索夫. 战略管理[M]. 邵冲，译. 北京：机械工业出版社，2010.

[87]　尹义省. 适度多角化：企业成长与业务重组[M]. 北京：三联书店，1999.

[88]　尹义省. 中国大型企业多角化实证研究——兼与美国大公司比较分析[J]. 管理工程学报，1998(3).

[89]　[美]约翰. W. 克雷斯威尔. 研究设计：质性、量化及混合方法取向[M]. 林正昌，主译. 台北：学富文化事业有限公司，2015.

[90]　曾萍，廖明情，汪金爱，等. 区域多元化抑或产品多元化:制度环境约束下民营企业核心能力构建与成长战略选择[J]. 管理评论，2020：32(1).

[91]　曾荣光. 管理研究哲学[M]. 任兵，袁庆宏，译. 北京：北京大学出版社，2020.

[92]　[美]詹姆斯·汤普森. 行动中的组织：行政理论的社会科学基础[M]. 敬乂嘉，译. 上海人民出版社，2007.

[93]　张镒、刘人怀. 互补性资产、平台领导力与双元创新关系研究[J]. 科技进步与对策. 2019：36(6).

[94]　朱丽叶·M. 科宾，安塞尔姆·L. 施特劳斯. 质性研究的基础：形成扎根理论的程序与方法[M]. 朱光明，译. 重庆：重庆大学出版社，2015.

[95]　Aggarwal, R. K., & Samwick, A. A. Why do managers diversify their firms? Agency reconsidered. *The Journal of Finance*, (2003), 58(1): 71-118.

[96]　Aldrich, H. Organization and Environment [M]. Englewood Cliffs, NJ: Prentice Hall, 1979.

[97]　Amit R. and J. Livnat (1988). Diversification strategies, business cycle and economic performance[J]. *Strategic Management Journal*, 9, pp. 99-110.

[98]　Amit, Raphal and Paul, J H Schoemake. Strategic Assents and Organizational Rent[J]. *Strategic Management Journal*, 1993. (14): 33-46.

[99]　Amit R, Zott C. Value creation in e-business. *Strategic Management Journal*, 2001, 22(6-7): 493-520.

[100]　Andrew H Van de ven. Engaged Scholarship[M]. New York: Oxford New York, 2007.

[101]　Ansoff H. I. 'The General Manager of the Future,' *California Management Review*[J]. 1969, 11, 3, pp. 61-72.

[102]　Ansoff. H. I. Corporate Strategy: An Analytic Approach to Business Policy for Growth and

Expansion [M]. New York: McGaw-Hill. 1965.

[103] Barney, J. B. Firm resources and sustained competitive advantage[J]. *Journal of Management*, 1991, 17: pp. 99-120.

[104] Basu, N. Trends in corporate diversification[J]. *Financial Markets and Portfolio Management*, 2010, 24(1): 87–102.

[105] Belen Villalonga. Diversification Discount or Premium? New Evidence from the Business Information Tracking Series[J]. *The Journal of Finance*. 2004: 2(4).

[106] Berry C. H. Entropy Measure of Diversification and Corporate Growth[J]. *The Journal of Industrial Economics*, 1970(27): 359-369.

[107] Bettis R. A. (1981). 'Performance differences in related and unrelated diversification firms'[J]. *Strategic Management Journal*, 2(4), pp. 379-393.

[108] Bettis R. A. and W. K. Hall (1982). 'Diversification strategy, accounting deternined risk, and accounting return'[J]. *Academy of Management Journal*, 25, pp. 254-264.

[109] Brush C G, Chaganti R. Businesses without Glamour? Ananalysis of rsources on performance by size and age in small service and retail firms[J]. *Journal of Business Venturing*, 1999, 14(3): 233-257.

[110] C C Markides. Corporate refocusing[J]. *Business Strategy Review*, 1993, 4(1): 1-15.

[111] Caves R E. The Industrial Economics of Foreign Investment[J]. *Economica*. 1971, 38(149): 1-27.

[112] Chandler A. D. Jr. (1990). Scale and Scope: The Dynamics of Industrial Capitalism. Cambridge Mass: Harvard University Press, Belknap Press.

[113] Chatterjee, S.; Wernerfelt, B. The Link Between Resources and Type of Diversifieation: Theory and Evidenee[J]. *Strategie Management Journal*. 1991, 12, pp. 33-48.

[114] Christensen H. K. and C. A. Montgomery. Corporate economic performance: Diversification strategy versus market structure[J]. *Strategic Management Journal*. 1981, 2(4), pp. 67-71.

[115] Coombs R. Core competencies and the strategic management of R&D[J]. *R&D Management*. 1996, 26(4): 345-355.

[116] D J Teece. Competition, cooperation and innovation: organization arrangements for regimes of rapidtechnological progress[J]. *Journal of Economic Behavior and Organization*, 1992, 18(1): 1-25.

[117] D J Teece. Profiting from technological innovation: Implications for integration, collaboration, licensing and public policy[J]. *Research Policy*, 1986, 15(6): 285-305.

[118] Delios A, Beamish P W. Ownership strategy of Japanese firms: Transactional, institutional, and experience influences[J]. *Strategic Management Journal*. 1999, 20(10): 915-933.

[119] Dierickx, I. & Cool, K. Asset stock accumulation and sustainability of competitive advantage[J]. *Management Science*, 1989, 35: 1504-1511.

[120] Edgeworth F Y. Mathematical: An essay on the application of mathematics to the moral sciences[J]. *Economica-new Series*, 1932(6): 235-236.

[121] Eisenhardt, K. M., (1989), Building theories from case study research[J]. *Academy of Management Review*, (14: 4), pp. 532-550.

[122] Eisenhardt, K. M. ,Galunic D. C. . Coevolving [J]. *Harvard Business Review*, 2000(1): 91-101.

[123] F T Rothaermel. Incumbent's advantage through exploiting complementary assets via interfirm cooperation[J]. *Strategic Management Journal*, 2001, 22(6-7): 687-699.

[124] Farjoun M. The independent and joint effects of the skill and physical bases of relatedness in diversification[J]. *Strategic Management Journal*, 1998, 19(7): 611-630.

[125] Farjoun, Moshe. Beyond Industry Boundaries, Human Expertise, Diversification and Resource-related Industry Groups[J]. *Organization Science*, 1994(5): 185-199.

[126] Freeman C. The economics of industrial innovation[M]. MA: The M IT Press, 1982.

[127] Galai D. and R. W. Masulis (1976). The option pricing model and the risk factor of stock[J]. *Journal of Financial Economics*, 3, pp. 53-82.

[128] GAUTAM AHUJA, ELENA NOVELLI. Redirecting research efforts on the diversification-performance linkage: the search for synergy[J]. *Academy of Management Annals*, 2017, Vol. 11, No. 1, 342-390. Ginsberg A. Connecting diversification to performance: A sociocognitive approach[J]. *Academy of Management Review*. 1990, 15, 3, p. 526.

[129] Glynn, M. A. Innovative genius: A framework for Klating individual and organizational intelligences to innovation[J]. *Academy of Management Review*, 1996, 21(4), 1081-1111.

[130] Goold, M., & Luchs, K. Why diversify? Four decades of management thinking[J]. Academy of Management Perspectives. 1993, 7(3):7-25.

[131] Granstrand, O., 1998. Towards a theory of the technology-based firm[J]. *Research Policy* 27, pp. 465-489.

[132] Granstrand, O., Patel, P., Pavitt, K., 1997. Multi-technology corporations: why they have "distributed" rather than "distinctive core" competencies[J]. *California Management Review* 39(4), 8-25.

[133] Grant R M. Toward a Knowledge:Based Theory of the firm[J]. *Strategic Management Journal*, 1996, 17(S2): 109-122.

[134] Gribbin, J. D. The conglomerate merger[J]. *Applied Economics*. 1976, 8, 1, pp. 19-35.

[135] Grigorij Ljubownikow, Siah Hwee Ang. Competition, diversification and performance[J]. *Journal of Business Research*, 2020(112) 81-94.

[136] H. I. Ansoff. Strategie for Diversification[J]. *Harvard Business Review*. Sep.-Oct., 1957: 113-124P.

[137] Helfat C E. Know-how and Asset Complementary and Dynamic Capability Accumulation: the Case of R&D[J]. *Strategic Management Journal*, 1997, 18(5): 339-360.

[138] Henderson R M, Clark K B. Architectural innovation: the reconfiguration of exiting product technologies and the failure of established finns[J]. *Administrative Science Quarterly*, 1990, (35): 9-30.

[139] Henry Mintzberg, James A Waters. (1985). Of Strategies, Deliberate and Emergent[J].

Strategic Managemtent Journal, Vol. 6, 257-272.

[140] Higgins R. C. and L. D. Schall. Corporate bankruptcy and conglomerate merger[J]. *Journal of Finance*. 1975, (30): 93-114.

[141] Hill CWL, Hitt MA, Hoskisson RE. Cooperative versus competitive structures in related and unrelated diversified firms[J]. *Organization Science*, 1992, 3(4): 501-521.

[142] Hitt, M. A., Dacin, M. T., Levitas, E., et al. Partner selection in emerging and developed market contexts: Resourcebased and organizational learning perspectives[J]. *Academy of Management Journal*, 2000, 43(3): 449-467.

[143] Holcomb D G, Hitt M A. Toward a model of strategic outsourcing[J]. *Journal of Operations Management*, 2007, 25(2): 464-481.

[144] Hueiting Tsai, Shengce Ren and Andreas B. Eisingerich. The effect of inter- and intra-regional geographic diversification strategies on firm performance in China[J]. *Management Decision*. 2020, 58 (1): 16-38.

[145] J P Eggers. All experience is not created equal: learning, adapting, and focusing in product portfolio management[J]. *Strategic Management Journal*, 2012, 33(3): 315-335.

[146] John C H S, J S Harrison. Manufacturing-based relatedness, synergy, and coordination[J]. *Strategic Management Journal*, 1999, 20(2): 129-145.

[147] John C Panzar, Robert D Willig. Economies of Scope[J]. *American Economic Review*, 1981, 71(2): 268-272.

[148] Kaplan, Sarah. Research in Cognition and Strategy Reflections on Two Decades of Progress and a Look to the Future[J]. *Journal of Management Studies*. 2011, 48: 3.

[149] Lang L. H. P. and R. M. Stulz. Tobin's q, corporate diversification and firm performance[J]. *The Journal of Political Economy*. 1994, 102, (6): 1248-1280.

[150] Larissa Statsenko、Graciela Corral de Zubielqui. Customer collaboration, service firms' diversification and innovation. Industrial Marketing Management. 2020(85): 180-196. Larsson R, Finkelstein S. Integrating strategic, organizational, and human resource perspectives on mergers and acquisitions: a case survey of synergy realization[J]. *Organ Sci*, 1999, 10(1): 1-26.

[151] Larsson R, Finkelstein S. Integrating strategic, organizational, and human resource perspectives on mergers and acquisitions: A case survey of synergy realization[J]. *Organization Science*, 1999, 10(1): 1-26.

[152] Leavitt H J. Applied organizational change in industry:structural, technological and humanistic approaches[C]//March J G. handbook of Organization. Illinois: Rand McNally & Company, 1965: 1144-1170.

[153] Leonard Barton D. Core capabilities and core rigidities: a paradox in managing new product development[J]. *Strategic Management Journal*. 1992, 13(S1): 111-125.

[154] Lewin A. Y.,Volberda H. W.. Prolegomena on Coevolution: A Framework for Reseach on Strategy and New Organization Forms[J]. *Organization Science*, 1999, 10(5): 519-534.

[155] Lewin K. Field Theory in Social Science:Selected Theoretical Papers (D. Cartwright, Ed.)[M].

New York: Harper & Brothers, 1951.

[156]   Luis Ángel Guerras-Martín, Guillermo Armando Ronda-Pupo, José Ángel Zúñiga-Vicentea[J]. Half a century of research on corporate diversification: A new comprehensive framework. *Journal of Business Research*. 2020, (114): 124-141.

[157]   M. Gort. Diversification and Integration in American Industry[M]. Princeton Univ. Pr. 1962: 46P.

[158]   Markides C. C. Consequence of corporate refousing: Exante evidence[J]. *Academy of Management Journal*. 1992, (35): 398-412.

[159]   Markides C C, Williamson P J. Related diversification, core competences and corporate performance[J]. *Strategic Management Journal*, 1994, 15(2): 149-165.

[160]   Martin J A, Eisenhardt K M. Cross-business synergy: Sources, processes and the capture of corporate value[D]. Austin: The University of Texas, McCombs School of Business, 2002.

[161]   Mayer, C., Wright, M., & Phan, P. Management research and the future of the corporation: A new agenda[J]. *Academy of Management Perspectives*. 2017, 31(3): 179-182.

[162]   Mcvey J. S. The industrial diversification of multi-establishment manufacturing firms: a development study, 1972.

[163]   Milgrom, Paul, and John Roberts. The economics of modern manufacturing: Technology, strategy and organization[J]. *American Economic Review*. 1990, 80: 511-28.

[164]   Nadler D A, Tushman M L. A model for diagnosing organizational behavior[J]. *Organizational Dynamics*, 1980, 9(2): 35-51.

[165]   Nicolaj Siggelkow. Persuasion with case studies[J]. *Academy of Management Journal*. 2007, (50): 20-24.

[166]   P Christmann. Effects of "Best Practices" of Environmental Management on Cost Advantage: The Role of Complementary Assets[J]. *Academy of Management Journal*, 2000, 43(4): 663-680.

[167]   P Taylor, J Lowe. Are functional assets or knowledge assets the basis of new product development performance?[J]. *Technology Analysis & Strategic Management*, 1997, 9(4): 473-488.

[168]   Palepu K. Diversification strategy, profit performance, and the entropy measure[J]. *Strategic Management Journal*. 1985, 6(3): 239-255.

[169]   Patel, P., Pavitt, K.,. The technological competencies of the world's largest firms: complex and path-dependent, but not much variety[J]. *Research Policy*. 1997, 26, 141-156.

[170]   Pavitt, K., Robson, M., Townsend, J., Technological accumulation, diversification and organization in UK companies 1945-1983[J]. *Management Science*. 1989, 35, 1.

[171]   Pehrsson, A. Business scope and competitive differentiation: a study of strategy consistency[J]. *Strategic Change*, 2006, 15(7-8): 319-330.

[172]   Pehrsson, A. Competition barriers and strategy moderations: Impact on foreign subsidiary performance[J]. *Global Strategy Journal*, 2012, 2(2): 137-152.

[173] Penrose E. T. (1959). The Theory of the Growth of the Firm. Oxford: Basil Blackwell.

[174] Penrose, E. T. The theory of the growth of the firm. New York: Wiley, 1959.

[175] Porter M. E. Competitive Strategy: Techniques for Analyzing Industries and Competitors. New York: Free Press. 1980.

[176] Porter M. E. What is strategy[J]. *Harvard Business Review*, 1996, 74(6): 61-78.

[177] Pouya Seifzadeh, W. Glenn Rowe, Kaveh Moghaddam. Governance of subsidiaries: The interactive effect of corporate Diversification strategy and headquarters' capacity to process information on corporate control mechanisms[J]. *Can J Adm Sci*. 2020: 1-16.

[178] Prahalad C. K. Hamel. G. The Core Competence of the Corporation[J]. *Harvard Business Review*. 1990. 5(6): 79-91.

[179] Quinn J B, Doorley T L, Paquette P C. The intellectual holding company: structuring around core activities[J]. *The Strategy Process*. 1990: 324-330.

[180] Rhoades S. A. A further evaluation of the effect of diversification on industry profit performance[J]. *Review of Economics and Statistics*. 1974, (56): 557-559.

[181] ROSANNA GARC IA, ROGER CALANTONE. A critical look at technological innovation typology and innovativeness typology: a literature review[J]. *The Journal of Product Innovation Management*, 2002, (19): 110-132.

[182] Rugman A M, Verbeke A. Subsidiary specific advantages in multinational enterprises[J]. *Strategic Management Journal*. 2001, 22(3): 237-250.

[183] Rumelt R. P. Diversity and profitability. Paper MGL-51, Management Studies Center, Graduate School of Management, University of Califoria, Los Angeles. 1977.

[184] Rumelt R. P. Diversification strategy and profitability[J]. *Strategy Management Journal*, 1982, 3(4): 359-69.

[185] Rumelt R. P. Strategy, Structure, and Economic Performance[M]. Cambridge: Harvard University Press, 1974.

[186] Salter M. S. and W. S. Weinhold. Diversification via acquisition: creating value[J]. *Harvard Business Review*,. 1978, 56(4): 166-176.

[187] Silverman, B. S. Technological resources and the direction ofcorporate diversification; toward an integration of the resource-based view and transaction cost economics[J]. *Management Science*, 1999, 45(8): 1109-1124.

[188] Simmonds P. G. The combined diversification breath and mode dimensions and the performance of large diversified firms[J]. *Strategic Management Journal*. 1990, 11(5): 399-410.

[189] SWINK M, NAIR A. Capturing the Competitive Ad-vantages of AMT: Design-manufacturing Integration as a Complementary Asset[J]. *Journal of Operations Management,* 2007, 25(3): 736-754.

[190] Teece D J. Reflections on Profiting from Innovation[J]. *Research Policy*, 2006, 35(8): 1131-1146.

[191] Teece D J. Economies of scope and the scope of the enterprise[J]. *Journal of Economic Behavior and Organization*. 1980, (1): 223-247.

[192] Teece D J. Transactions cost economics and the multinational enterprise: An assessment[J]. *Journal of Economic Behavior and Organization*. 1986, (7): 21-45.

[193] Teece D J. Towards an economic theory of the multiproduct firm[J]. *Journal of Economic Behavior and Organization*. 1982, (3): 39-63.

[194] Teece D J, Pisano, G. and Shuen, A. Dynamic Capabilities and Strategic Management[J]. *Strategic Management Journal*, 1997, (18): 72-80.

[195] Tripsas M. Unraveling the Process of Creative Destruction: Complementary Assets and Incumbent Survival in the Typesetter Industry[J]. *Strategic Management Journal*, 1997, (18): 119-142.

[196] Utterback J M, Meyer M H. The product family and the dynamics of core capability[J]. *Sloan Management Review*. 1993, (34): 29-47.

[197] Varaporn Pangboonyanon, Kiattichai Kalasin. The impact of within-industry diversification on firm performance Empirical evidence from emerging ASEAN SMEs[J]. *International Journal of Emerging Markets* Vol. 13 No. 6, 2018, pp. 1475-1501. Wang L, Zajac E J. Alliance or acquisition? A dyadic perspective on interfirm resource combination[J]. *Strategic Management Journal*, 2007, 28(13): 1291-1317.

[198] Walsh J. P., C. M. and J. Deighton. Negotiated belief structures and decision performance: AN empirical investigation. Organizational Behavior and Human Decision Processes. 1988, (42): 194-216.

[199] Wick, K. E. The collapse of sensemaking in organizations: The Mann Gulch disaster. *Administrative Science Quarterly*. 1993, (38): 628-652.

[200] Wernerfelt B. and C. A. Montgomery. Tobin's q and the importance of focus in firm performance[J]. *American Economic Review*. 1988, 78: 246-250.

[201] Wrigley. L, Division autonomy diversification, Doctoral dissertation[D]. *Harvard Business Review*, Boston, MA,1970.

[202] Yin, R. K., Case Study Research, Design and Methods (2nd ed.), Sage Publications, Beverly Hills, CA. 1994.

[203] Zhou, Yue Maggie. Synergy, coordination costs, and diversification choices[J]. *Strategic Management Journal*, 2011, 32(6): 624-639.

致　　谢

本书是在我的博士学位论文基础上稍加补充修订而成，基本保持了原貌。

从 2017 年 7 月收到录取通知，就读于由巴黎九大和清华大学、北京国家会计学院合作办学的 EDBA 项目到论文的最终答辩，一共历经四年多时间，这是一段从实践到理论，再从理论到实践不断验证的知行合一的历程。我很荣幸能够作为这个美好时代的一员在工作之余有机会来进修管理研究方法与哲学的学习与应用，并在这里遇到了良师益友与人生贵人。

首先要感谢我的导师、上海交通大学安泰经济与管理学院的井润田教授，井老师从研究方法到论文主题相关的内容，都给予我非常有针对性而又前沿的指导。在研究方法上，井老师是我们定性与案例研究方法的担纲教授，他用清晰的逻辑和生动的案例让我们理解了定性和案例研究在机制解释和理论构建等方面的独特价值。在研究选题方面，井老师高屋建瓴的指导让我最终聚焦到战略发展与组织创新这一充满挑战和雄心壮志的研究领域，并进一步地深化，用互补性机制来解释企业相关多元化的发展。井老师在学术研究和教学之外，还要负责学校的行政管理工作，同时，还作为中国管理国际研究学会（IACMR）大会主席承担了大量的学会会议筹备工作。但是，从论文选题、框架到论文的细节，井老师都给予了非常细致的指导和及时的反馈，这些对我来说都是极大的鼓舞。

其次，我要感谢巴黎九大的 Bernard FERNANDEZ 教授，方教授在我论文的开题报告评审时给予了及时的指导，让我对研究问题的界定、研究的规范性以及研究的过程有了更清晰的认识。作为 Exe-DBA 项目（中国）学术主任，他为中法教育与文化交流作出了很多努力。见到方教授我们都很开心，仿佛他就是中法文化友好的象征。

最后，我要感谢中国社科院研究生院的张世贤教授，以及巴黎九大的 Sebastien DAMART 教授和 Damien MOUREY 教授。由于疫情的原因，论文的预答辩只能在线上举行。然而，短短一个多小时的交流，通过几位教授的点评与指导，使得整个论文的问题更加聚焦，让我对论文的框架和内容结构以及具体内容的写法都了然于心。我对照几位教授反馈的意见进行了一一修改，从中感受到教授们治学的严谨，他们已把学术当作一种坚定的信仰了。

感谢巴黎九大的 Horacio Ortiz 教授、Damien MOUREY 教授，北京大学的武亚军教授，在最终答辩时给予的评审意见和反馈，这不仅是一种评价，而且是对未来研究方向的深入探讨和启发。

感谢在两年多的教学过程中为我们授课的老师，他们是巴黎九大的 Pierre ROMELAER 教授、Herve ALEXANDRE 教授、Jean-Pierre SEGAL 教授、Horacio Ortiz 教授、Nicolas BERLAND 教授、Jean-François CHANLAT 教授，清华大学的范玉顺教授、胡东成教授、杨之曙教授、汤珂教授、朱武祥教授，北京国家会计学院的秦荣生教授、张庆龙教授，香港大学的陈建行教授。各位教授在漫长的学习交流过程中提供的帮助让我们不断汲取精华，提升自我。

感谢张英俊老师，作为该项目的中方总经理，为我们请到了最好的师资，选拔了最有学术追求而又经历互补的学员，构建了学习、自省与互动的场域。通过近十年的坚持和努力，该项目已经发展成为中国最具特色和水平的 DBA 项目。感谢牛力群老师、杨银笛老师、李康宁老师以及相关的教务组老师，大家的热情与细致让我们这个班级充满了温暖。

感谢所有同学们的质朴与坦诚，感谢所有为班级团队默默付出的每一个人、每一分努力和智慧，这一切都将成为我美好的记忆并将经常分享与传递。

我要特别感谢欣旺达创始人王明旺先生。在王总的带领下，欣旺达取得了快速而稳健的发展，2022 年销售额 521.62 亿元，产值 922.27 亿元。从 2011 年到 2022 年营收提升了 50 倍，年复合增长率 42.86%。从 2010 年 2 月加盟欣旺达至今，我在欣旺达工作十三年有余，见证了公司从小到大，这个过程中更多的是理解、信任与包容。十年如一日，我在公司得到了很多工作和锻炼的机会，从管理职能部门到管理业务部门，不断地反省和完善自己，正能量的价值观、学习与适应力是最重要的。众人拾柴火焰高，感谢欣旺达各位领导和同事的理解与支持。

感谢清华大学出版社的大力支持，使出版工作得以顺利推进。

最后要感谢家人对我的理解与支持。很惭愧与父母聚少离多，他们"无不跌志、有不癫狂"的人生态度无时不在鞭策着我。感谢岳父岳母和我们一起生活了十余年，含辛茹苦帮我们把孩子拉扯长大，不知不觉已到了可以和你顽皮作对的年龄。感谢爱人奉桦为了孩子和家庭放弃了工作，放弃了对事业的追求。感谢两个孩子给我们带来的快乐：在我准备论文时，滔儿（7 岁）整天嚷着要教我们学习他发明的魔方公式，他已经可以进行二、三阶的盲拧了；源儿（9岁）可以弹一百多首钢琴曲，并用思维导图进行写作。这已经超出了我现在的能力，不得不让我去想象他们未来的工作和生活会是什么样子，未来的世界会是什么样子。

借用莎士比亚的一句话：凡是过往，皆为序章。